我
们
一
起
解
决
问
题

从零开始学做行政文秘

总助能量站 /著

人民邮电出版社

北　京

图书在版编目（CIP）数据

从零开始学做行政文秘 / 总助能量站著. -- 北京：
人民邮电出版社，2023.3
ISBN 978-7-115-60012-7

Ⅰ. ①从… Ⅱ. ①总… Ⅲ. ①秘书学 Ⅳ.
①C931.46

中国版本图书馆CIP数据核字(2022)第165676号

内 容 提 要

几乎每一家公司都会设置行政文秘岗位，出色的行政文秘既具备扎实的基础素质，又能完成各项工作任务，是保证公司正常运行不可或缺的角色之一。

本书共分为三篇，第一篇介绍了如何零基础走上行政文秘岗位；第二篇介绍了行政文秘需要掌握的 11 个工作模块，包括商务接待、会议组织、公文写作、文书档案管理、证章管理、办公室费用预算、办公环境维护、行政采购、资产管理、安全保障、保密工作等，并提供了相关的常用清单及模板；第三篇介绍了行政文秘应该具备的 4 种管理能力，即时间管理、压力管理、情绪管理和个人管理。

本书适合行政人员、助理、秘书等人员阅读，也可作为中高等院校相关专业师生的参考读物。

◆ 著　总助能量站
　　责任编辑　陈　宏
　　责任印制　彭志环

◆ 人民邮电出版社出版发行　　北京市丰台区成寿寺路 11 号
　邮编 100164　电子邮件 315@ptpress.com.cn
　网址 https://www.ptpress.com.cn
　北京七彩京通数码快印有限公司印刷

◆ 开本：720×960　1/16
　印张：17　　　　　　　　　　　2023 年 3 月第 1 版
　字数：300 千字　　　　　　　　2025 年 8 月北京第 5 次印刷

定　价：79.80 元
读者服务热线：（010）81055656　印装质量热线：（010）81055316
反盗版热线：（010）81055315

行政文秘就是大家常说的行政、文员、秘书。几乎每一家公司都会设置行政文秘岗位。虽说大家都接触过行政文秘，但很多人对行政文秘这个岗位有误解，觉得行政文秘的工作很简单。其实不然，行政文秘是一份很考验人的工作，一名优秀的行政文秘需要样样精通，如起草文件、组织会议、接待访客、采购物资、做好后勤保障、进行资产管理等。

本书系统地剖析了行政文秘需要掌握的技能，同时分享了练就这些技能的方法。按照这个思路，本书共分为三篇，第一篇介绍了如何零基础走上行政文秘岗位，第二篇介绍了行政文秘需要掌握的 11 个工作模块，第三篇介绍了行政文秘应该具备的 4 种管理能力。

第一篇分为 3 章，第 1 章介绍了如何结合自身情况为走上行政文秘岗位做好准备，并提炼了行政文秘求职地图供读者借鉴；第 2 章对如何准备行政文秘岗位的求职简历进行了细致的说明，并提供了好用的简历模板；第 3 章分享了行政文秘岗位面试及谈薪技巧。

第二篇将行政文秘的主要工作内容分为 11 个工作模块，第 4~14 章结合案例分析，分别阐述了每个工作模块涉及的技能，并在每章末尾提供了该工作模块的常用清单及模板。

第三篇介绍了行政文秘应该具备的 4 种管理能力，即时间管理、压力管理、情绪管理和个人管理。

本书第 1~6 章由张小文撰写，第 7 章由陈换新撰写，第 8 章由梁小霞撰写，第 9 章由付丽撰写，第 10 章由王海勇撰写，第 11 章由廖思凯撰写，第 12 章由笛岚撰写，第 13 章由马雅丽撰写，第 14 章由张永生撰写，第 15 章由高涵撰写，第 16 章由晨葳撰写，第 17 章由徐雪洋撰写，第 18 章由王丽撰写。

最后，非常感谢一直关注我们的粉丝，希望本书能够帮助大家深入了解行政文秘岗位，从此踏上从行政文秘新手到行政文秘达人的职业道路。欢迎大家通过微信公众号"总助能量站"获取更多的服务。

总助能量站

2023 年 1 月 30 日

目录

02 第二篇
专业能力：
行政文秘需要掌握的 11 个工作模块　/ 39

03 第三篇
专项素质：行政文秘
应该具备的 4 种管理能力　/225

求职：如何零基础走上行政文秘岗位

第 1 章
找工作前要做充分的准备

很多素质不错的人，因为缺乏面试经验，不擅长面试，没有找到理想的工作，凑合着干了一份自己不喜欢的工作，白白浪费了很多时间。不只是刚毕业的人不会面试，即便是那些工作很多年的老职场人，大多也不会面试。以女性大学毕业生为例，22 岁工作，50 岁退休，工作 28 年，哪怕每两三年换一次工作，也不会有多少次面试机会。这样的面试次数不足以积累丰富的经验，因此很多人并没有学会"找工作"。

有些人不会展示自己，不会挑选公司，最后选择哪家公司全凭感觉。如果运气好，碰到一家发展得不错的公司，领导也愿意培养你，你就能跟着公司慢慢成长。如果运气不好，碰上一家经营不善的公司，几年后公司倒闭，你还得重新找工作。

其实，很多时候，面试被拒绝并不是因为你无法胜任这份工作，而是因为你没有展示出自己的优势、闪光点，面试官并不知道你能胜任这份工作。因此，经常会发生这种情况：班里成绩中等的同学找到了很好的工作，而成绩优秀的同学在找工作时屡屡受挫，一直找不到理想的工作。

公司招聘到底看什么？公司招聘不只看成绩，那些能找到好工作的同学一定是做对了什么，例如，在面试中表现得自然大方，参加了很多校外活动，拥有很多实习经验或工作经验，等等。

低效的找工作方法之一是"海投战术"：看见招聘启事就投简历，不管该岗位是否与自己匹配；有邀约就去面试，不管该岗位是否适合自己。一天跑三四家公司，一个月下来，腿都快跑断了，还是找不到理想的工作。高效的找工作方法是这样的：把找工作分为岗位选择、简历准备、面试准备、简历投递和面试复盘五个步骤。

（1）岗位选择。这一步非常重要，因为后面的所有工作都基于你选择的岗位。岗位不同，简历的内容、表达方式甚至所使用的模板也不同。在岗位选择上多花些时间是非常必要的。

（2）简历准备。定岗之后，接下来就可以开始写简历了，在简历中表明你是谁、你会什么不是最重要的，最重要的是表明你与该岗位的匹配度，展示出你所具备的胜任该岗位的能力，而非你具备的所有能力。

（3）面试准备。预判面试官可能会问的问题，事先做好准备。例如，你可以提前了解该公司的主营业务、企业文化、工作内容等，这样在面试时被问到"你对我们公司了解吗？对这份工作了解吗"时就能侃侃而谈。

（4）简历投递。要有针对性地投简历，不要"海投"。选择了什么岗位，就投什么岗位。例如，你选择了行政岗位，就不要投销售、运营之类的岗位。如果实在想投，那么你必须针对每一个岗位重新写一份有针对性的简历，以突出你身上适合该岗位的特质。

（5）面试复盘。每次面试完，要第一时间复盘，反思在面试过程中哪些地方表现得好，哪些地方表现得不好。好的地方继续保持，不好的地方想办法调整。很多人习惯通过实际面试积累经验，这样做确实有效果，但是会浪费很多面试机会。实际上，一次完备的面试复盘可能比多次实战练习更有效。在就业市场中，好工作总是有限的。因此，我们应该提前花些时间做准备，以便找到好工作。

我们总是说"找工作"，找工作找的是什么？找工作其实就是找需求。例如，有两家公司都在招行政、招文秘，但行政与行政之间、文秘与文秘之间是有差别的。在参加面试的人里，最后被留下的一定是最能满足公司需求的那个人。因此，在面试前，我们应该先搞清楚两件事：公司想要什么样的人，自己是什么样的人。

1.1 找工作前，先给自己做"全身体检"

行政文秘的"全身体检"包括四个维度，即专业能力、办公技能、面试形象和面试心态。专业能力反映你能否胜任这份工作，实际工作能力如何；办公技能反映你使用计算机、常用办公软件的能力；面试形象反映你有没有适合岗位的形象；面试心态反映你是否有平稳的心态，能否从容应对面试。

1. 专业能力

行政文秘的专业能力如图 1-1 所示。

行政文秘的日常工作基本都体现在图 1-1 所示的 11 项专业能力上。在面试前，你可以对照图 1-1 给自己做"全身体检"，看看自己是否已经具备各项能力，是否知道如何做各项工作，可能会遇到哪些问题，应该怎样解决问题。

很多人只会干活儿不会面试。交给他一项任务，他干得既好又快；但是，如果你问他这个活儿是怎么干的，他可能不知道怎样描述工作过程，也说不清楚自己会干什么、能干什么，更不会主动展示自己的亮点和优势，甚至不知道自己有哪些优势。这类人在找工作时会很吃亏。

给自己做"全身体检"的目的就是解决只会干活儿不会面试的问题，即仔细复盘自己的职业经历，回想每段重要的经历。尝试着回想当时的过

专业能力

商务接待

会议组织

公文写作

文书档案管理

证章管理

办公室费用预算

办公环境维护

行政采购

资产管理

安全管理

保密工作

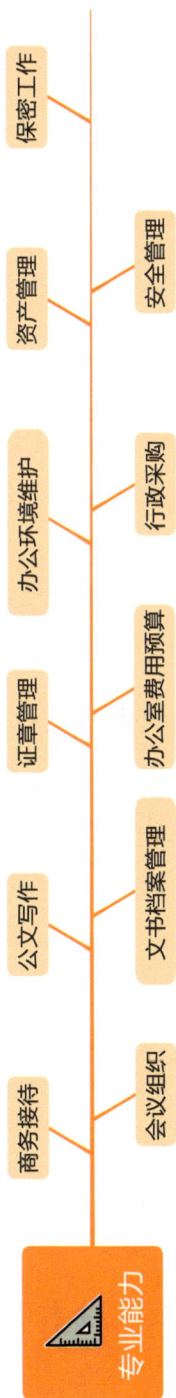

图 1-1　行政文秘的专业能力

程，按照"在什么情况下，做了什么，遇到了哪些困难，怎么解决困难，有哪些收获"的顺序把重要的工作节点和事件都重温一遍，你会发现自己会的挺多。如果不知道从哪里开始，可以参照图 1-1 所示的各项能力。以商务接待为例，不妨问自己："我做过商务接待工作吗？接待过哪些人？怎么接待的？现在让我接待一位高管（客户或陌生人），我应该怎么接待？"给自己做"全身体检"的目的是更深入地了解自己。

2. 办公技能

办公技能对行政文秘来说很重要。行政文秘日常主要负责服务类、后勤类、协调类工作，需要经常使用办公软件。办公软件用得好，确实可以给自己争取更多的机会。例如，公司领导要做路演 PPT，发现行政小李的 PPT 做得最好，就让小李专门做 PPT。接触久了，领导发现小李工作很积极，做事很认真，就让他做自己的助理，小李的收入自然也提高了。并不是每个人都可以靠办公技能直接获得晋升的机会，但办公软件用得好，在某些时候确实可以帮助你在公司里脱颖而出。

在职场中，办公技能应该达到什么水平？

- 打字速度：每分钟 60 个字以上。
- Word：快速排版、打印。
- Excel：掌握 10 组以上快捷键、30 个以上函数公式，会制作数据透视表及图表。
- PPT：借助模板在 1 小时内做出比较精美的 PPT。
- 思维导图：熟练使用。
- 办公设备：熟悉常用办公设备，如打印机、传真机、碎纸机等。

在面试中怎么展示办公技能？在面试前，把自己以往的作品整理成集，如做得比较精美的 PPT、专业图表。如果没有出色的作品，就尽量把自己具备的能力具体化，如"熟练使用 50 个函数公式""熟练制作数据透视图"等。

3. 面试形象

要想拥有良好的面试形象，就要注意自己的发型、妆容、服装、鞋、包和饰品等。

男士的面试形象比较好设计，选个干净利落的发型，再选一身合体的西装，搭配一个公文包，就可以了。如果想让自己看起来更加专业，可以在服装的款式、材质上多下功夫。

女士的面试形象设计稍微复杂一些。首先，根据自己的脸型选择一个合适的发型。发型能够体现个人气质，例如，长发显得人温婉静雅，中长发显得人气场强、端庄大方，短发则显得人干练。其次，选择适合自己的妆容。每个人的脸型、五官有差异，化妆是很考验审美水准的。只要多练习，化妆水平就会提升。再次，选择合适的服装。俗话说"人靠衣装马靠鞍"，这句话强调的就是服装的重要性。一般来说，可以在黑、白、灰、蓝四个颜色中挑选 1~3 种颜色搭配。如果想突出自己的某些特质，可以增加一些亮色元素。至于鞋和包，只要不喧宾夺主、不出错就行了。也就是说，只要别人第一眼看你时不会特别关注你的鞋和包，这样的搭配就是合格的。最后，饰品可以起到画龙点睛的作用。饰品不在多，在精。这个"精"既指精致，也指精简。佩戴一两件饰品点缀，最多佩戴三件，如一条丝巾、一块手表、一条项链。它们能衬托出你的气质，给别人眼前一亮的感觉。

4. 面试心态

在面试时，保持不卑不亢的心态很重要。有些人因为找工作的周期比较长，或者面试的公司名气大，心里会很紧张。其实完全没有必要，找工作的周期长并不一定是因为你的工作能力不行，你可能只是缺乏面试经验。因为面试的公司名气大而感到压力很大就更没有必要了。名气再大的公司也是根据工作能力决定是否会录用你，只要你的工作能力强，去什么样的公司面试都不用紧张。

1.2 定岗定薪，找到自己的求职"锚点"

定岗定薪很重要，不能什么都想做。用一份简历投多个岗位，这样做的结果就是收到的面试邀约寥寥无几。切忌向同一家公司或向同一个 HR 申请多个不相关的岗位，更不能用同一份简历投多个岗位。

在这一步，你要找到五个问题的答案。

- 你想做什么？（兴趣）
- 你能做什么？（能力）
- 你选择做什么？（价值观）
- 你认为理想的工资是多少？（天使目标）
- 你能接受的最低工资是多少？（底线目标）

上述五个问题中的前三个是定位问题，后两个是现实问题。

"想做什么"关乎兴趣，有兴趣才会有动力。每个人的兴趣不同、天赋不同，适合的工作岗位也不同。例如，你做事细心、喜欢数字，原本做数据分析员挺开心的，领导见你工作很努力，便将你提拔为小组长，让你管理几位实习生。而管理别人、给别人安排任务、和别人沟通这些工作不是你喜欢的，虽然被提拔是一件好事，但你可能会不适应。时间久了，你就会觉得累、厌倦。

"能做什么"关乎能力，你能做好一件事本身就能激励你重复做这件事，你会把这件事做得越来越好。因此，选择自己擅长做的事，选对工作，你就会爱上工作，体会到工作的乐趣。

"选择做什么"关乎价值观，价值观会影响你去做一些事，不去做另一些事。在找工作时，价值观可以帮助你筛掉一些公司、一些可能要共事的人。那么，怎样了解一家公司和可能共事的人呢？你可以在面试时观察这家公司的环境，跟 HR 交流，感受该公司的企业文化、行事风格与自己的期待是否相符。如果该公司发展前景好，工作内容也是自己喜欢的，待遇也不错，但是和可能共事的人打交道不舒服，感觉很压抑，那么你最好考虑清楚是否要选择这份工作。

因此，定岗是在兴趣、能力和价值观之间找到重叠区域的过程（见图 1-2）。如果一直找不到这个理想的重叠区域，我们就不工作了吗？当然不是，这就需要"现实"帮我们在多个选项里快速做出选择。我们选择工作时肯定会考虑工资。我以前经常低估自己对工资的看重程度，在遇到一份工资比较低的"好工作"时会马上接受。结果是工作不久后，心理就失衡了，对工作也不积极了。事后想想，根源还是在于不够了解自己。现在我就不会做这种选择了，只要工资低于自己设定的底线，这份工作再好也不会接受。这是因为，我知道不久以后自己又会心理失衡。每个人的情况不同，你可以自己权衡：目前工资低但机会好的工作，好在哪里，个人能力可以迅速提升还是这份工作能让你增长见识？你要清楚自己为了这些机会牺牲部分工资是否值得，这些机会在未来多久可以变现。你要时刻提醒自己，如果这份工作没有给你带来预想的那些机会，就要果断地放弃这份工作。

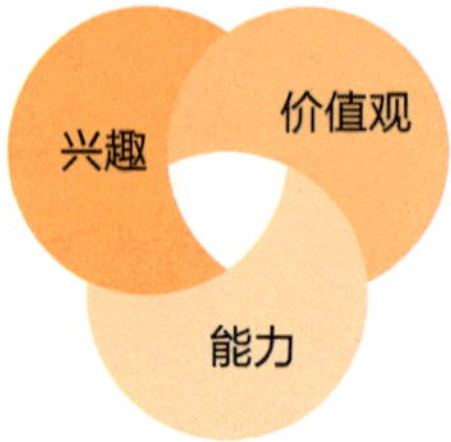

图 1-2　兴趣、能力和价值观的重叠区域

在开始找工作前，我们要给自己定两个薪资目标：一个是天使目标，另一个是底线目标。天使目标是尽量去争取的目标，能实现最好，无法实现也正常。底线目标是最低目标，凡是无法达到底线目标的工作都不考虑。有了这两个目标，我们就可以有针对性地写简历、投简历了。例如，你的天使目标是 8 000 元，底线目标是 6 000 元，那么低于 6 000 元的工作就不用考虑了。

1.3　缺啥补啥，哪里不足补哪里

经过第一步"全身体检"，我们知道了自己在哪些方面存在不足；经过第二步"定岗定薪"，我们明确了自己要找什么样的工作；第三步就是"缺啥补啥"。

具体怎么操作呢？通过定岗定薪，我们筛选出一些公司，向其投递简历，对照这些公司的职位描述与"全身体检"的结果，看自己在专业能力、办公技能、面试形象和面试心态上分别有哪些不足，还有哪些方面需要调整，然后对症下药，哪里不足补哪里。"缺啥补啥"的具体操作如图 1-3 所示。

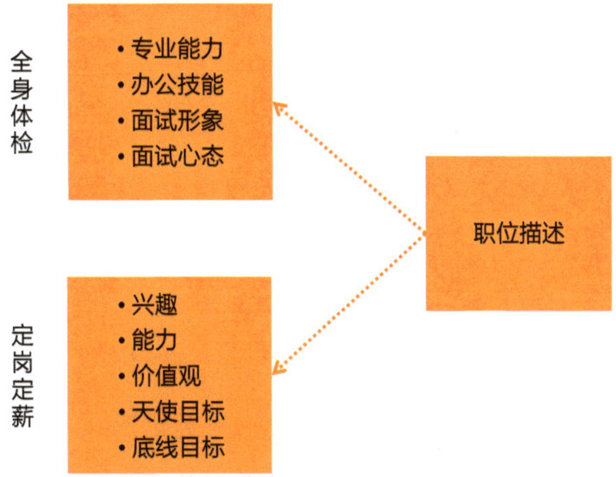

图 1-3　"缺啥补啥"的具体操作

例如，我们把月薪定为 6 000 元 ~10 000 元，然后在招聘网站上输入限制条件开始搜索，搜索结果页中的第一家公司开出 6 000 元 ~8 000 元的月薪招聘一名行政文秘，职位描述和任职资格如下。

职位描述

1. 负责公司行政管理、内训、后勤服务保障工作，配合各部门完善各项规章制度，参与公司相关规章制度的梳理、修订工作。

2. 负责公司业务专题会等会议的组织、记录，督办决议的贯彻落实，协调各部门之间的关系。

3. 负责组织公司级会议，协助起草会议通知及相关文案，协助完成计划总结、章程制度等行政工作；贯彻会议决定，检查会议决议的落实情况。

4. 负责公司对外联络、公司文化宣传工作及维护与相关机构的关系，协助建立和维护公司形象、品牌（包括但不限于公司网站、微信公众号等）。

5.负责发言稿、宣传稿、公司年鉴等各类文稿的校对和审核，负责撰写公司宣传、公司年会方案等材料。

6.完成上级领导交办的其他工作。

任职资格

1.汉语言文学、新闻与传播等相关专业，全日制大学本科及以上学历。

2.具备扎实的写作功底，具有较强的沟通协调能力、计划与执行能力、语言表达能力，熟练使用办公软件，掌握互联网的基本知识。

3.具有大中型国企或上市公司办公室文秘、企业文化岗位经验者优先。

4.具备良好的团队合作能力。

5.具备较强的逻辑思维能力、独立思考能力、学习能力和抗压能力。

通过职位描述和任职资格，我们可以提炼出该公司的大概要求。

- 专业能力：公司内训、后勤保障、制度建设、会务管理、公文写作、对外联络。

- 办公技能：PPT、Word、新媒体运营工具。

接下来，我们可以将该公司的要求与自己的简历进行对照。例如，该公司有内训要求，你可以看自己的简历中有没有对内训经验的描述。如果有，回想自己做的是什么类型的内训，主题是什么，当时是怎么操作的，现在是否可以再做一遍；如果没有，就问问自己是否做过类似的活动。"缺啊补啥"这一步没有捷径，如果你想在面试中对答如流，只能老老实实地将公司的每项要求与自己的简历进行对照。

有时，最简单的办法最管用。如果你能坚持走完这一步，不用等到面试环节，你就会感到自己充满力量，那是自信的力量。

图 1-4 是我总结的行政文秘求职地图，供大家参考。

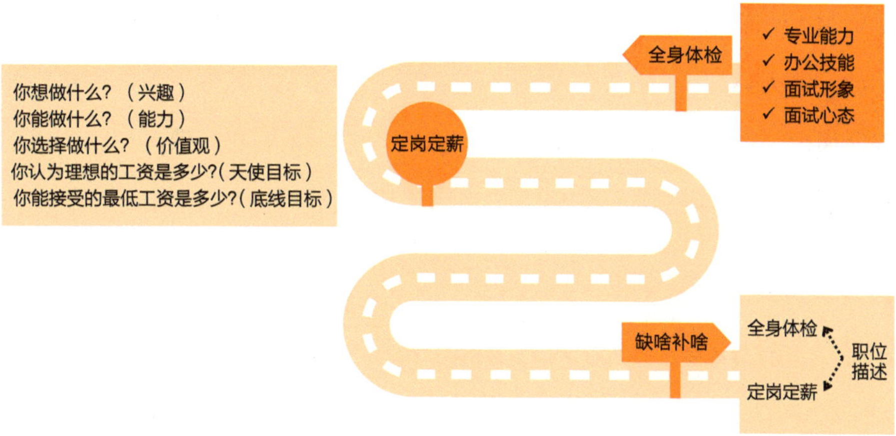

你想做什么？（兴趣）
你能做什么？（能力）
你选择做什么？（价值观）
你认为理想的工资是多少？（天使目标）
你能接受的最低工资是多少？（底线目标）

全身体检

✓ 专业能力
✓ 办公技能
✓ 面试形象
✓ 面试心态

定岗定薪

缺啥补啥

全身体检　职位描述
定岗定薪

图 1-4　行政文秘求职地图

第 2 章

行政文秘岗位的简历怎么写、怎么投

在找工作前，要先写简历。那么，为什么要写简历？简历写给谁看？简历能起什么作用？用一句话概括，简历就是一份人才说明书，其作用是帮助 HR 快速了解应聘者做过什么、能做什么，从而找到适合岗位的人。因此，能力不足或过于优秀的应聘者可能都会被 HR 筛掉。能力不足不能胜任岗位工作，过于优秀很可能待不久。因此，我们应该根据自己的求职意向和薪资范围写简历。记住，合适的才是最好的。

2.1 简历就是一份人才说明书

简历是一份人才说明书。HR 通过查看简历，了解应聘者的个人信息、教育背景、工作履历，以判断其能否胜任岗位工作。

举个例子，某公司需要招聘一名会计，财务总监向人力资源部门提出需求：招聘一位有经验的会计。招聘的大体流程是：用人部门提出招聘需求，HR 根据用人部门的需求构建人才画像，在招聘网站上发布招聘信息，求职者投递简历，HR 筛选简历。那么，简历给谁看？给 HR 看。给谁看就决定了要怎么写。打个比方，用人部门让 HR 招人，就像伯乐画了一幅千里马画像，然后让人拿着画像去找千里马。因此，对你来说，重要的是不是证明你真的是一匹千里马，而是证明你和这张画里的千里马最像。同理，简历上的你与 HR 手里的人才画像越接近，你获得面试机会的可能性越高。每个人都有很多特质，你所面试的岗位实际上用不到这么多特质，如果你把所有的特质都写在简历上，亮点反而不突出，你可能就淹没在人群里了。因此，简历不需要是最全面的，而应该是最适合的。

写好简历，把简历投递到招聘网站上，HR 会仔细看吗？或者说，HR 看一份简历平均需要多长时间？有机构做过统计，HR 看一份简历只需要 6 秒。因此，我们必须写一份这样的简历：第一，这份简历能够让算法主动把你推给 HR；第二，这份简历能让 HR 眼前一亮，迫不及待地给你打电话。

2.2　简历怎么写才能大放光彩

HR 喜欢什么样的简历？第一，要易读；第二，要匹配。

易读是指简历应该排版美观、页面干净，HR 能够轻松找出你与人才画像的相似之处。你可以使用让 HR 感到舒服的简历模板，这样 HR 就能快速看完你的简历，找到你的能力点与其需求点之间的重叠部分。匹配是指简历应该投 HR 所好。HR 想找什么样的人，你就在简历里展示并证明你是什么样的人。

注意，不同的公司因为性质、规模不同，会出现同岗不同名或同名不同工的情况。先看同岗不同名的情况，例如，你在一家日企里做"担当"，"担当"就是区域经理，你应该在简历上写"担当"还是写"区域经理"？当然是写"区域经理"。如果你写"担当"，可能就会与很多机会擦肩而过。再看同名不同工的情况，例如，你是学人力资源管理的，期望月薪为5 000 元。在招聘网站上搜索后，你发现有两家公司都在招行政专员，一家公司的月薪为 5 000 元~6 000 元（见图 2-1），另一家公司的月薪为 5 000元~8 000 元（见图 2-2），两家公司对应聘者都不限经验。

岗位职责：

1. 协助部门经理做好内部统筹事宜，包括月度部门绩效考评等；

2. 负责行政公文、工作报告等的起草及信息报送工作；

3. 负责与后勤相关的日常工作，如水、电、网等；

4. 协助本部门做好其他辅助服务工作；

5. 完成其他临时性工作。

任职要求：

1. 大专以上学历，有行政管理或相关工作经验者优先；

2. 具备较强的沟通表达能力及服务意识；

3. 工作有条理，细致、认真、有责任心，办事严谨，具备较强的执行力；

4. 熟练操作计算机及Office办公软件，具备基本的网络知识；

5. 熟悉办公室行政管理知识及工作流程。

图 2-1　职位描述 1

岗位职责：

1. 负责公司日常的行政事务及各项后勤保障工作；

2. 负责整理、保管部门各类电子及纸质文件；

3. 负责部门日常财务借款、费用报销等工作；

4. 负责部门办公设备申请及办公用品的采购和管理工作；

5. 负责部门党建及宣传工作；

6. 协助商务接待及招投标资料的准备及其他工作。

任职要求：

1. 本科及以上学历；

2. 有行政工作经验者或组织活动经验者优先；

3. 熟练使用Office办公软件，具备较强的学习能力和沟通协调能力；

4. 年龄在25岁以下，具备良好的职业道德及职业形象；

5. 具备较强的亲和力与服务意识；

6. 性格开朗，乐于沟通，作风严谨，做事踏实。

图 2-2　职位描述 2

虽然两家公司的要求看起来差不多，但仔细看你就会发现这两家公司的要求差别很大。第一家公司的要求侧重于公文写作和后勤保障，还有一小部分绩效考核工作；第二家公司的要求既包括后勤保障和公文写作等工作内容，还包括采购、企业宣传、商务接待、协助招投标等工作内容。因此，即便应聘同一个岗位，给不同的公司投递简历时，也不要使用同一份简历。你应该仔细研究公司的招聘信息，投其所好，有侧重点地展示自己。资深 HR 一眼就能看出哪些是"海投"的简历，哪些是精心制作的简历。

简历一般分为八大板块：基本信息、自我评价、技能特长、荣誉证书、兴趣爱好、教育背景、工作经验、项目经验。有三年以上工作经验的求职者可以将校园活动换成项目经验，组成新的八大板块。实际写作时要灵活调整，可以合并同一时间段的两个板块，或者删掉没有内容可写的板块，力求内容丰富、亮点突出、排版清晰，让 HR 看到这份简历时眼前一亮。简历示例如图 2-3 所示。

写简历就像写议论文，既要有论点又要有论据，通篇要证明一个论点：我是最适合这个岗位的人。每个版块对应一个分论点，从不同侧面说明你是最适合这个岗位的人。

1. 基本信息

很多求职者在基本信息板块写了地址、年龄、民族、婚姻状况、政治面貌、身高、体重、电子邮箱、电话号码、微信号、QQ 号等信息。其实，没有必要把这些信息都写上，只需要写联系方式（电子邮箱、电话号码、微信号等）及 HR 比较关心的内容，如工作年限、学历、求职岗位等。

大部分人往往过分关注基本信息而忽略证件照。事实上，证件照非常重要。HR 在看简历时会先看证件照，形成对你的第一印象。为了给 HR

张三

求职意向： 行政文秘岗位

证件照

年龄：26岁

现居：广州白云××××

手机：181-0000-0000

邮箱：××××123@docer.com

🎓 教育背景

2014 年 9 月—2018 年 6 月 　　　　×××大学 　　　　营销管理

- ❖ 主修课程：管理学、微观经济学、宏观经济学、管理信息系统、统计学、会计学、财务管理、市场营销。
- ❖ 校园活动：参加学校第 16 届校园歌手大赛，获第一名；参加学校英语辩论大赛，获第二名。

💼 工作经历

2018 年 6 月—2020 年 6 月 　　　　×××公司 　　　　行政秘书

- ❖ 负责行政部相关制度的维护、完善，组织绩效考核。
- ❖ 制定前台接待、客户考察和参观等工作的标准工作流程，培训相关人员。
- ❖ 负责起草公文、回复来信等工作。
- ❖ 负责会议室预订、会议主持、会议总结、审核并发送会议纪要等相关工作。

2020 年 7 月至今 　　　　×××公司 　　　　部门秘书

- ❖ 协调各部门关系及事务处理。
- ❖ 负责所属部门的各项管理工作，并督促、检查、落实贯彻执行情况。
- ❖ 针对行政管理工作提出建设性意见，负责任务下达和执行监督。
- ❖ 协助各部门建立规章制度，并完善组织流程。

🏅 职业技能

- ❖ 技能专长：CET4、普通话二级甲等；通过全国计算机等级考试（二级 C 语言），熟练掌握 WPS、XMind 等办公软件，熟练使用各类 OA 软件。
- ❖ 荣誉证书：学校作文大赛二等奖。

👤 自我评价

- ❖ 拥有 4 年行政、秘书工作经验，熟练掌握办公室各工作模块，能够快速上手，节约公司培训成本。
- ❖ 在×××接受过专业系统的秘书培训，对秘书工作有深入了解。
- ❖ 擅长部门沟通、流程重塑，能够把细碎的工作标准化、流程化、制度化，提高组织效能。

图 2-3　简历示例

留下良好的第一印象，你可以去专业的照相馆拍照。切忌本人与照片中的形象差距过大。拍照时，要选择最能体现自身特质的服装。例如，如果想体现亲和力，可以选择稍显可爱但又不失大方的服装；如果想体现成熟稳重，可以选择衬衫加西服。另外，证件照最好是近照。

2. 自我评价

一些求职者的自我评价没有针对性（见图 2-4）。

✍ 自我评价

1. 具备扎实的文字功底，熟练撰写行政公文，能高效、高质量地完成文件和报告的起草工作。
2. 熟悉档案管理、资料整理等工作。
3. 理解能力强、沟通能力强，能有效地完成上传下达的工作。
4. 做事认真、性格开朗、待人真诚，具备较好的团队协作精神。

图 2-4　没有针对性的自我评价

图 2-4 所示的自我评价在 HR 看来相当于什么也没写。HR 希望通过应聘者的自我评价了解其核心优势，以及应聘者是否与岗位匹配。更有针对性的自我评价示例如下。

- 精通英语，形象气质佳，亲和力强，懂业务，沟通表达能力和应变能力强。
- 项目管理经验丰富，曾协助领导完成商务谈判、大型活动策划、分公司筹建等工作。
- 多次为总裁撰写大型会议讲话稿，多次撰写呈报总裁办公室、董事会的项目报告等。

如果你的经历很简单，自我评价可以写成这样：

- 有一定的文秘经验，能胜任文秘工作；

- 有丰富的活动策划经验，曾经策划过 12 场公司内外部活动；

- 英语发音地道、表达流利，可以将英语作为工作语言；

- 有政务接待、商务接待经验，沟通能力强、亲和力强。

或者写成这样：

- 参加过丰富的社会实践活动，在寒暑假做过各类兼职工作，工作能力和认真负责的态度多次受到认可；

- 积极参加学校的各类活动，具备较强的沟通表达能力；

- 英语口语流利，可以将英语作为工作语言，有英语专业四级证书；

- 有 C1 驾照，热爱运动，参加过三次马拉松比赛。

写简历时，你要从看似普通的经历中找出闪光点，尤其是与目标岗位相匹配的点，让 HR 快速对你产生兴趣，甚至引导 HR 向你提问题，这样你才能在面试前做好充分的准备。

3. 技能特长

好的水墨画，一定不是满满当当的，而是该留白的地方留白，该浓墨重彩的地方浓墨重彩。简历也是一样的，不要把你会的东西全都写到简历上。例如，如果你应聘的是行政文秘岗位，就可以在简历中写你能熟练使用 Word、Excel、PowerPoint、Access、Project 等软件，而不要写你会使用 AutoCAD、Illustrator，因为把这些信息写上去的意义不大。

4. 荣誉证书

荣誉证书也是一样的，简历中只写与岗位相关的、能够证明你的技能或特长的荣誉证书。

建议写的证书如下：

- 英语专业八级证书（证明你的英语能力）；
- BEC 证书（证明你的商务英语水平）；
- 驾照（确实能帮助你获得面试机会）；
- PMP 证书。

在简历中写与行政文秘岗位关系不大的证书，反而会让 HR 觉得你不清楚自己到底想做什么工作，甚至认为你没有清晰的职业规划。

5. 兴趣爱好

人们往往会通过一个人的兴趣爱好推测他的性格特点。例如，我们倾向于认为弹古筝的人文雅、弹钢琴的人有气质、喜欢看书的人有内涵、喜欢运动的人积极阳光。因此，兴趣爱好也是 HR 观察应聘者的一个窗口。在简历中写一些兴趣爱好有助于 HR 对你产生好感，如读书、听音乐、画画、运动等。最好把兴趣爱好写得具体一些，例如：爱看书，坚持写读书笔记；爱运动，坚持每周跑步或爬山；爱看电影，坚持写影评；爱旅行，擅长规划旅游路线等。HR 能通过简历上你写的兴趣爱好推测出你有毅力，能把喜欢的事情坚持做下去，并尽力做好。

6. 教育背景

工作经验丰富的人可以不写大学课程，只写毕业院校。如果你刚走出校门，工作经验少，可以列出在大学里学习的与岗位相关的课程。如果你在大学期间成绩优异，可以把平均学分（GPA）写上，或者写上成绩排名。

奖学金是不错的加分项，如果有，可以写上。

7. 工作经验

工作经验是 HR 最看重的板块。在写工作经验时要多下功夫。大多数刚毕业的求职者没有工作经验，最好把实习经验写上。如果没有实习经验，就写兼职经验；如果也没有兼职经验，就写在校经历。

对工作了 3~5 年的求职者来说，梳理过去的成长经历是非常重要的。你可以问自己以下几个问题。

- 我一路是怎么走过来的？
- 未来我要走到哪里去？
- 我打算怎么走过去？

这些也是 HR、领导都很关心的问题。

职业线最好是从教育背景到在校经历，再到实习经验、每一份工作、负责的每件事，并且是逐步上升的一条曲线。例如，大学所学专业是会计，成绩在年级前 10 名，获得了奖学金，专业功底扎实；在学校参加了各种课外活动、英语类比赛和演讲，锻炼了沟通能力和表达能力；实习期间在会计师事务所做助理，受到思维缜密的领导者训练（含蓄地表达自己的思维也很缜密），因为表现优异，被该事务所留用；第二年去了知名会计师事务所，一直工作到现在。HR 比较喜欢上升的职业线，所以在这里给大家提个醒，不要随意接受降薪调岗，否则你的职业线会有一段是下降的。HR 可能会认为你对自己的职业没有规划。

对工作了 5 年以上的求职者来说，因为工作经验比较丰富，可以写的经历很多，所以简历应突出重点，根据公司的职位描述和任职资格重点写与岗位匹配的方面。如果你工作多年、起点较低，可以不写早期的经历，或者一笔带过。毕竟公司只关心你现在能做什么，未来能走到哪里。至于你从哪里来，就没那么重要了。

有了写作方向，下面我们看看具体内容怎么写。建议大家运用 STAR 法则（见图 2-5）写简历。STAR 法则是指说一件事时要说清楚其情境、任务、行动、结果，即在什么情境下、有什么任务、采取什么行动、取得什么结果。其中，重点是行动和结果。如果有直接的数据，就更好了，因为数据的冲击力和表现力要比文字强得多。例如，在担任某品牌面包大使期间，负责推销新品，通过推销、试吃等方式，使面包销售额达 1 000 元，在同组 15 个人中排名第一。HR 无法准确判断面包销售额达 1 000 元算多还是少，但可以通过你的排名了解同样的工作有多少人在做，你在这些人中表现如何。如果你还能在结果后面加上自己的感想或心得，就更好了。例如，通过这件事，你发现免费试吃比发放宣传品效果更好，因为免费试吃有助于了解消费者的口味偏好等。

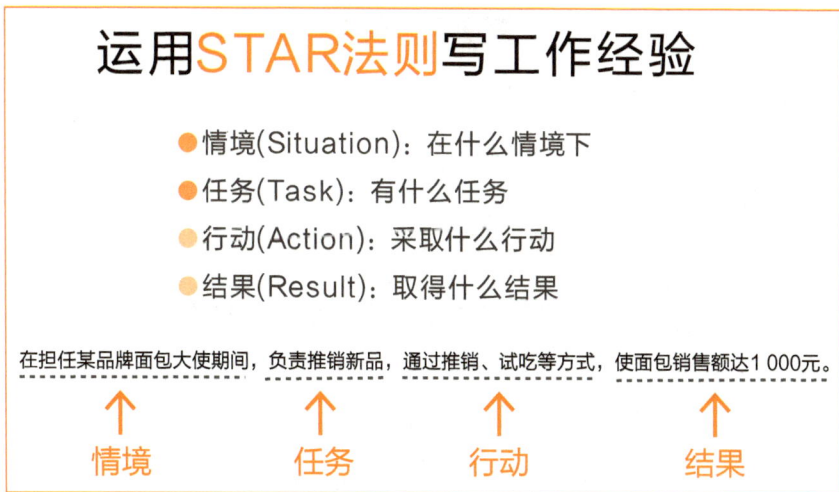

图 2-5　STAR 法则

有时，我们很难分清楚情境与任务，不妨直接写"任务＋行动＋结果"（见图2-6）。如果有直接的数据，就更好了。例如，"我吃了很多饭"就不如"我吃了3个汉堡、4个鸡腿、1根玉米"有冲击力。

战略规划

一般性描述：协助总裁制定公司发展战略规划，督促业绩指标完成。

STAR法则：协助总裁制定公司发展战略规划，督促业绩指标完成，
（任务）

通过每日定时追踪、分析数据等方式，
（行动）

实现了任务指标完成率高达125%，全公司排名第一。
（结果）

图 2-6　"任务＋行动＋结果"

我们也可以从结果上找突破口（见图2-7）。

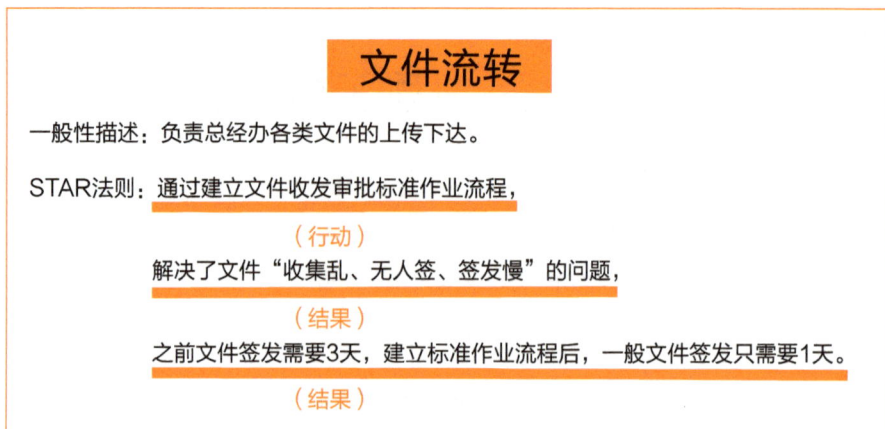

文件流转

一般性描述：负责总经办各类文件的上传下达。

STAR法则：通过建立文件收发审批标准作业流程，
（行动）

解决了文件"收集乱、无人签、签发慢"的问题，
（结果）

之前文件签发需要3天，建立标准作业流程后，一般文件签发只需要1天。
（结果）

图 2-7　从结果上找突破口

行政文秘岗位的简历不好写，因为大部分结果很难量化。如果实在无

法量化，就遵循 STAR 法则写清楚任务、行动和结果。

8. 项目经验

项目经验是体现个人特色的重要板块，你参与过或负责过的项目都可以体现你的价值。项目经验的内容主要包括项目名称、项目背景、项目职责、项目业绩、自己在项目中的重要程度等。

项目经验写作示例如下。

2022 年"数聚大华，智耀不凡"主题年会

项目描述：2021 年公司各项业务齐头并进、快速发展，为了在此基础上不断拓展新业务，不断增强公司的自我造血功能，让公司更具活力，公司决定举办一场隆重的年会，鼓励大家继续努力。

项目职责：

- 担任活动策划人，负责设立项目组；
- 安排参会员工到场，在不影响公司总部人员办公的前提下，安排好交通、住宿、就餐和参观总部等事宜；
- 负责与策划公司对接，让对方准确理解我司需求，在预算范围内保证现场效果最佳；
- 带领项目组执行年会方案，保证年会顺利进行。

项目业绩：提高了员工满意度，增强了各分公司员工对公司的归属感。

需要注意的是，HR 在面试时会围绕你的项目经验提问题，例如，在这个项目中，你遇到了哪些困难，你怎么解决问题，你怎样复盘，总结了哪些经验和教训，如果现在重新做这个项目，你觉得哪些地方可以优化。此时，HR 关心的并不是这个项目本身，而是你有没有思考，有没有复盘。

到这里，一份简历就写完了，拿着出去找工作肯定是没有问题的。当然，如果你想美化简历，还可以在排版上多下功夫，让简历看起来既美观又简洁。

2.3　为什么简历投出去就石沉大海

我们写好简历，在网上投递简历时，常常会遇到这种情况：投完简历，过去好几天，对方查看过我们的简历，却一直没有联系我们。这是为什么呢？有的是因为我们的能力没有达到对方的用人要求，有的是因为简历里体现的能力不是对方目前需要的，还有的是因为对方目前没有招聘需求。

真正有招聘需求的公司主要分为两类——发展状况好的公司和发展状况不好的公司。发展状况好的公司因为发展得好，业务扩张，规模扩大，自然需要更多的人才。发展状况不好的公司有的是因为所在行业萎缩、人才流失，有的是因为内部管理有问题、员工离职率高，所以必须招新人。因此，在面试前，我们要先了解这家公司所处的行业及其产品，这样才能少走弯路。

如何辨别一家公司是否真正在招人？

（1）查公司的背景情况。现在比较常用的工具有天眼查、启信宝、企查查等。你要留意公司的注册资本、注册时间、注册地址等。如果注册资本很少，公司规模一般都不大。如果你的条件不错，可以不考虑这类公司。如果公司注册时间是上个月，那么这类公司属于初创公司，你进去后可能需要身兼数职。如果公司注册地址是居民楼，那么这类公司有可能刚刚起步，也是初创公司。像校内网、快手、字节跳动等公司创业时第一个落脚点都在居民楼里。在初创公司里工作要身兼数职，可能比在成熟公司工作更加辛苦。但如果公司发展得好，你的成长速度会很快，晋升空间也很大。如果公司的负面信息较多，那么这家公司有可能经常侵犯员工权益，建议你慎重考虑。

（2）看招聘要求。看岗位描述，具体的岗位要求是什么。将岗位描述写得很随意的公司，做起事情来可能不太严谨，你需要考虑自己与该公司的匹配度。如果岗位与薪资不匹配，你就要慎重考虑这家公司，例如，工作内容很简单但工资很高，或者工作内容很多但工资很低。

（3）看其他在招岗位。如果某公司同时招总经理秘书、总经理助理、总经理助理兼翻译，就很可能是因为一直招不到人，HR 只好修改了招聘信息继续招人。那么，这家公司为什么没招到人？原因有很多，如领导挑剔、钱少事多离家远、工作难度高等。

（4）看公司环境。不同的公司有不同的工作环境，有些公司墙上挂着"今天工作不努力，明天努力找工作"之类的横幅，一般来说，其领导比较推崇竞争文化，这类公司不适合喜欢发挥创造力、需要自我空间的求职者。如果可以，你去面试时可以早到几分钟，观察公司员工的精神面貌。如果员工普遍眉头紧锁、行事匆匆，就表明工作强度可能比较高，压力比较大；如果员工普遍很轻松，就表明公司整体氛围比较轻松，当然也有可能是因为员工工作效率低下或比较散漫。这两类公司没有好坏之分，你需要思考公司环境与自己是否匹配。

（5）看面试情况。如果约定的面试时间是 14 点，结果到了 14：30 面试官还没来，而且没有任何人过来向你解释原因，就说明这家公司很可能不太尊重员工。有的公司不管你是应聘普通行政还是应聘高级秘书，都会先让你填写面试登记表，而且面试登记表的内容与简历高度重叠，这类公司很可能管理水平比较低。假设你应聘高级助理，结果是由新手HR负责面试，简单问了几个问题就结束了面试，而不是让更有经验的HR经理或HR总监负责面试，就说明这家公司内部管理有问题，即便没有问题，做事效率也比较低。

（6）看面试官。如果一开始沟通时，面试官就很高傲，就说明这家公司内部管理可能有问题，或者这家公司不太尊重员工。如果面试官在面试时坐姿随意，或者总是打断你说话，就说明面试官的个人素质不高，或者这家公司不重视这个岗位，或者你不符合该岗位要求。如果几轮面试下来，遇到的面试官水平都不高，那么基本可以断定这家公司的整体水平一般。面试到最后总是要谈工资的，如果面试官只跟你谈情怀不提工资，那么工资往往不会很高。

当然，每家公司都会有一些问题，这很正常。工作适合自己最重要。要想找到一份合适的工作，就要先搞清楚自己喜欢做什么样的工作。同一家公司的同一个岗位，也常常是"甲之蜜糖，乙之砒霜"。这是因为每个人都不一样，甲喜欢管理宽松的公司，乙喜欢工作节奏快的公司；甲喜欢成熟的大公司，乙喜欢创业公司。在入职前找出公司的问题，不是为了否定它，而是帮助自己理智地做出决定。如果能事先看清楚公司的缺点，冷静地做决策，这样在遇到问题和困难时才不至于退缩。

找工作的渠道主要有熟人推荐、校园招聘会、招聘网站等。通过熟人推荐和校园招聘会找工作相对比较简单。常见的招聘网站如表2-1所示。

找工作的渠道有很多，求职者应根据行业、岗位和从业年限选择合适的平台投递简历，这样才能事半功倍，尽早找到理想的工作。

表 2-1　常见的招聘网站

招聘网站	网站情况	备注
猎聘网	行业覆盖面广，是企业招聘中高端职位的有效渠道之一	公司质量比较高
拉勾网	针对互联网行业初、中、高级岗位相关人士，只覆盖北京、上海、杭州、广州、深圳、成都等热门城市	公司质量比较高
100offer	针对互联网垂直领域的线上猎头服务网站	适合中高端人才
内推网	针对知名互联网公司直接内部推荐的职位	技术岗位占比较高，其他岗位少，网站流量少，影响力有限
聘宝	针对游戏和IT行业相关人才，只覆盖国内一线城市	简历库相对有限，不过面谈成功率较高
看准网	行业覆盖面较广，适合初、中级求职需求，有对企业、工资、面试过程的评价，可以直接了解公司的一些实际情况，但网站对评价内容没有严谨的审核机制，不排除个别员工为泄私愤故意抹黑	面谈成功率低，可以作为求职期间了解公司的一个途径
前程无忧	行业覆盖面广，覆盖绝大多数行业中基层岗位	公司质量参差不齐
智联招聘	用户多，中基层求职效果比较好，网站对公司的审核也比较严谨	专业性、针对性较弱，搜索结果匹配度不高
Boss直聘	用户多，公司多，可以与公司负责人直接沟通，不需要通过第三方	公司质量参差不齐
应届生求职网	知名度高，流量大，辐射区域广，有各大城市的职位信息。网站上还有各大公司校园宣讲会和网申信息，方便在线查阅和申请职位。全职、兼职工作都有，能够满足不同求职者的需求	网页字体小，分类多，重点不突出，设计不太美观。主要提供大城市的职位信息，小城市的几乎没有
实习僧	针对找实习工作的学生，知名度较高，可在线查看和申请职位。有校园招聘和宣讲会版块，可查看岗位招聘和申请职位	主要提供一线城市的职位信息，其他城市的很少
领英	实名制职场社交App，针对职场招聘为一体的职场社交平台，全球范围内中高层人群相对活跃	功能较少，国内活跃用户少
脉脉	集职场社交、职场招聘为一体的职场社交平台，功能强大，用户存量大。行业分布广，适合中高层人才招聘	需要通过好友验证，周期长，活跃用户少

行政文秘简历模板

模板 1：行政秘书求职简历 [①]

模板 2：总经理秘书求职简历

---

① 请访问 http://box.ptpress.com.cn/y/60012 获取本书提供的常用清单及模板。

3.1　面试也许并不是你想象的那样

很多求职者觉得面试时要坦诚，面试官问什么，就回答什么，自己心里是怎么想的，就怎么说。早年，我也抱着这种想法：我展示最真实的自己就够了，没有必要提前准备面试。但事实并非如此，在 HR 眼里，你做了面试前的准备，是因为你重视这次面试。连自我介绍都做不好的应聘者会让 HR 觉得你不重视这次面试，等你入职以后做事也不会认真。因此，你应该提前准备面试并在面试中展现自己的能力。

当然，准备归准备，但也要注意两点。第一，切忌编造简历。例如，你可以把"和领导商量了一下，让各部门负责人从直接给总经理发文件，调整成先发总经办再转呈总经理"改为"规范了公司管理层汇报流程"，但你不能把"3 个月取得了 20 万元的业绩"写成"1 个月取得了 200 万元的业绩"。美化简历不等于编造简历。第二，提前了解公司需要什么样的人才。我有一位朋友去面试，HR 问她："你希望这份工作对外多一点还是对内多一点？"她说："我觉得对内、对外都很锻炼人，希望两部分都有。"HR 说："那太遗憾了，我们这份工作主要对内。"其实你可以在 HR 给你打电话邀约面试时问"该岗位是对内的还是对外的"，不管 HR 如何回答，你都可以说："那跟我的求职意向刚好匹配。谢谢您，我会好好准备这次面试，希望有机会与您成为同事！"这样你就把主动权掌握在了自己手里。

总而言之，面试前一定要做好准备，了解公司的需求，知道公司想要什么样的人才，只有这样才能从容地参加面试。

3.2　通过"面对面考试"的妙招

面试是求职的必经环节，不管你通过什么渠道找工作，最后都要面试。在面试过程中，你要展示自己、推销自己，让面试官知道你会什么，你擅长什么，你和别人有什么不一样，为什么你是最适合该岗位的人。只有让面试官看到你的亮点和优势，你才能得到这份工作。面试其实就像学骑自行车。骑上车，一遍一遍地练，一次一次地摔，练了摔，摔了练，就学会骑自行车了。面试也是一样，一遍一遍地说，一次一次地错，说了错，错了说，学会总结，就学会面试了。练来练去，你会发现面试官经常问的"知识点"是固定的，无非"题型"不一样，或者有的面试官"出题角度"比较刁钻。因此，我们只要把面试的"知识点"捋清楚，面试成功率就会大大提高。

面试的"知识点"主要涉及六个板块——通勤情况、个人情况、个人意愿、工作情况、工作能力和工作态度。面试就像"面对面考试"，只不过通过这场"考试"的标准不是分数，而是你的表现。面试一般有两轮，初试由 HR 完成，复试由部门领导完成。初试和复试的重点不同：初试主要看人岗是否匹配，能否稳定在岗；复试主要看专业能力，能否胜任该岗位工作，能否融入现有团队。因此，初试和复试考查的"知识点"自然也不同。

初试通常考查通勤情况、个人情况、个人意愿、工作情况、工作能力和工作态度。

（1）通勤情况，包括居住地、通勤时间、到岗时间、租房或定居等。HR 问通勤情况主要是为了考查应聘者的稳定性。在 HR 眼里，如果通勤时间过长，那么应聘者可能会不太稳定。如果应聘者距离公司很近又早已定居，这就是一个加分项。

（2）个人情况，包括家庭情况、优点、缺点等。HR 问个人情况是为了考查应聘者的稳定性和匹配度，例如，家境普通且背着房贷的人一般不会轻易离职；如果公司想招一个开朗大方的人，而你刚好是外向型性格，人岗匹配度就高；如果你的缺点是没有耐心，而这个岗位刚好需要有耐心的人，人岗匹配度就低。

（3）个人意愿，包括想从事的工作、职业生涯规划等。HR 问个人意愿主要是为了考查应聘者的稳定性。如果你只是想尝试从事某项工作，那么你很可能干不长。但如果你大学读的是文秘相关专业，实习时找的也是文秘工作，对这项工作很熟悉，知道在工作中可能遇到哪些问题，自己也解决过很多问题，那么按照 HR 的评分标准，你的稳定性这一项一定能打高分。

（4）工作情况，包括之前在哪个行业、哪个城市、哪家公司，做什么等。HR 问工作情况主要是为了考查应聘者的稳定性和匹配度。如果新公司与你之前就职的公司同属一个行业，那么你的很多经验都可以迁移至新公司，你也可以很快适应新公司。HR 一般也会关注你之前在哪个城市工作，如果之前在一线城市，现在转到三线城市，可能短时间内无法适应当地的工作节奏和工作方式。同理，从三线城市转到一线城市，能否适应快节奏的工作模式也是未知数。HR还会关注你之前就职的公司是什么类型，因为不同类型的公司工作风格差别很大。大部分公司更愿意聘用背景相似的应聘者，因为后期磨合的难度比较低。

（5）工作能力，包括办文、办会、办事的能力等。HR问工作能力主要是为了考查应聘者的匹配度，一般不会在初试环节问太多这类问题，即便问了，难度也不会很高。HR一般会通过问一些比较简单的问题，确认你的能力与用人部门的要求是否匹配。

（6）工作态度，包括能否接受加班、经常出差等。HR问工作态度主要是为了考查应聘者的稳定性。

如果前面这些问题你回答得还不错，你就很可能通过初试，进入复试。复试主要考查工作能力，面试官会对办文、办会、办事、办公软件掌握情况等提出非常具体的问题。

以上是在初试和复试中可能会考到的"知识点"。那么，在这两轮面试中，面试官会通过什么方式考查应聘者呢？实际上，为了了解应聘者的真实水平，把握应聘者的心理状态，预判应聘者的行为表现，面试官费尽心思，想出了各种各样的面试方法，如结构化面试、半结构化面试、非结构化面试、无领导小组面试、行为面试法等。面试方法太多了，不要说应聘者，有时连HR都分不清楚。正所谓"打蛇打七寸"，我们不妨从简历入手，换位思考。如果你是HR，你最想了解什么？如果你想考查应聘者的稳定性，你会怎么提问？你会发现，当你换位思考后，简历里的漏洞一目了然。如果你三年内换了五份工作，不用想，你也知道HR要问你为什么频繁地换工作。不管面试官是谁，最终要问的问题基本都是一样的，不同的是提问顺序和提问方式。

新手HR一般会按照简历逐条提问，但资深HR问的一般不是技术问题，而是心理问题。资深 HR 问的每个细节都隐藏着其真正意图，例如，为了考查你的某项能力，资深 HR 可能会诱导你犯某个错误。新手 HR 可能会先问你为什么离职、在前公司负责什么工作，然后问你怎么评价前公司、前领导。而资深 HR 可能会先问你怎么评价前公司、前领导，然后问你为什么离职、在前公司负责什么工作。当我们知道了面试官提问背后的真正意图后，思考怎么回答问题就简单多了。沿用前面的例子，如果遇到 HR 问你对前公司、前领导的评价，你就可以判断出 HR 后面可能会问离职原因。你在回答问题时要避免前后矛盾。例如，你不可以说："公司非常好，领导对我也非常好。但因为我在公司待得不舒服，所以离职了。"

另外，即便应聘者表面看起来情况差不多，也可能行为模式完全不同。例如，两位应聘者都是已婚已育，其中一人因为有家人的支持，所以能把大部分精力放到工作上；另一人因为需要承担较多的家庭责任，所以不得不把部分精力放在照顾家人上。因此，仅从表面来看，HR 无法判断应聘者深层次的行为模式。于是，HR 只能不断变换"题型"，通过各种提问扰乱应聘者的思路，试图挖掘出应聘者的真实想法。反过来，针对同一个标签，应聘者可能有不同的表述。"做事情慢"可以表述为拖沓，也可以表述为沉稳；"做事情快"可以表述为雷厉风行，也可以表述为急躁。因此，如果你提前想好怎么回答每个问题，然后反复练习，找出表达得不够好的部分并予以完善，那么你在面试中就可以侃侃而谈，让 HR 认定你就是他想找的人。

3.3 轻轻松松多拿薪水的谈薪资话术

1. 在第一轮面试中要不要主动谈薪资

一般来说，在第一轮面试中别急着谈薪资。一方面，面试一般有好几轮，第一轮面试是为了加深双方的了解，这时谈薪资太早了。另一方面，负责初试的面试官级别一般都不高，往往无权定薪资。但是，你可以从侧面打听，或者通过招聘网站了解该岗位的薪资范围，你可以将中位值或下限作为标准，建立心理预期。很多人担心在面试中谈薪资会失去工作机会。其实，只要公司想录用你，薪资是必谈的内容，HR 会主动介绍工作职责、薪资体系和相应的福利待遇，这时就是谈薪资的最佳时机。

2. 谈薪资前的准备

在谈薪资前，应该调研同行业、同岗位的工资水平，这方面的信息可以通过网上各种机构公布的薪资调查报告来收集，也可以跟同行的朋友、熟人打听。如果平常与猎头公司有接触，就可以通过猎头公司了解相关情况。你也可以看应聘公司的性质，一般来说，外企、国企都有完善的薪资体系，岗位与薪资标准严格对应，基本没有谈薪资的空间。不过，同一岗位可能会对应几个档位的待遇，你可以事先了解清楚，尽量争取较高档位的待遇。如果是民营企业，那么谈薪资的空间一般会比较大。在和 HR 谈论期望薪资时，不要直接接受对方提出的条件。即便你对 HR 提出的条件非常满意，也要表示自己需要考虑一下，当天晚些时候或第二天再跟 HR 说自己因为非常喜欢公司的氛围、前景，愿意接受这个条件。

一般来说，综合考虑后，你可以估算出应聘岗位的平均薪资水平，这样在谈薪资时就有一个大致的范围。

3. 谈薪资有哪些技巧

要有技巧地谈薪资，这里分享几个常用的技巧。

（1）确定薪资范围。提出能引出有用信息的问题是关键。例如，在几轮面试后，HR 经常会问："你有什么想问的吗？"这时，你可以问："像贵公司这样的大公司，都有一套成熟的薪酬制度，您能简单介绍一下吗？"如果 HR 介绍得过于笼统，有用的信息很少，你就继续问："这个岗位的薪酬在业内大概是什么水平呢？除了工资，还有没有其他的福利和培训机会？"这样你就能大概了解该岗位的薪资水平。

（2）如果你觉得 HR 提供的条件不太好，也不要直接拒绝。每家公司的情况不一样，有些公司薪酬制度完善，谈薪资的空间较小；有些公司的薪酬制度没有那么完善，谈薪资的空间较大。总的来说，谈不成没有损失；谈成了，就能拿到更高的薪资。常用的谈判逻辑（见图 3-1）是先表态度，再提身价，最后说期望。

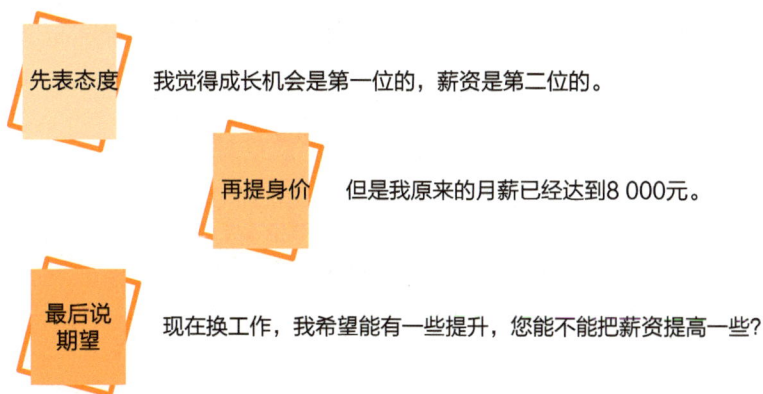

先表态度　　我觉得成长机会是第一位的，薪资是第二位的。

再提身价　　但是我原来的月薪已经达到 8 000 元。

最后说期望　　现在换工作，我希望能有一些提升，您能不能把薪资提高一些？

图 3-1　常用的谈判逻辑

（3）争取更多的福利。这个技巧只适用于中高层岗位，因为基层员工的薪资基本上都是固定的，而且基层员工的可替代性较强。对公司来说，招到合适的管理者还是有一定难度的。因此，如果应聘者非常符合公司现阶段的需求，公司就愿意在福利上做出一些让步。

4.谈薪资前应该给自己准确定位

在谈薪资前，首先要准确定位自己。从公司的角度来看，人才可以分为三种。

第一种是高层人才，他们的薪资标准一般通过协商确定。

第二种是部门经理这类中层人才，他们有一定的薪资谈判空间，还会有一些附加的福利，这些福利一般算在综合年薪里。

第三种是基层员工，基层员工的可替代性较强，所以基本没有谈薪资的空间。

有实力才能掌握谈判时的话语权，只有当你是不可替代的，才能拿到高于行业平均水平的薪资。通常，公司在寻找合适的人才时会评估符合条件的应聘者的数量，以此确定是否支付高于行业平均水平的薪资。

举个例子，某公司的客户中日本公司比较多，而且公司管理层做决策时很看重对销售数据的分析，那么这家公司在招聘销售总监助理时就会偏向于会日语和数据分析、有一定销售经验的应聘者。如果市场中符合条件、在找工作的人只有你一人，那么谈薪资的空间就很大，该公司为了聘用你，很可能愿意支付高于行业平均水平的薪资。因此，增强自己的实力，提升自己的核心竞争力，让自己具有不可替代性，比掌握谈薪资技巧更重要。

第二篇

02

专业能力：行政文秘需要
掌握的 11 个工作模块

第 4 章

商务接待应该怎么做

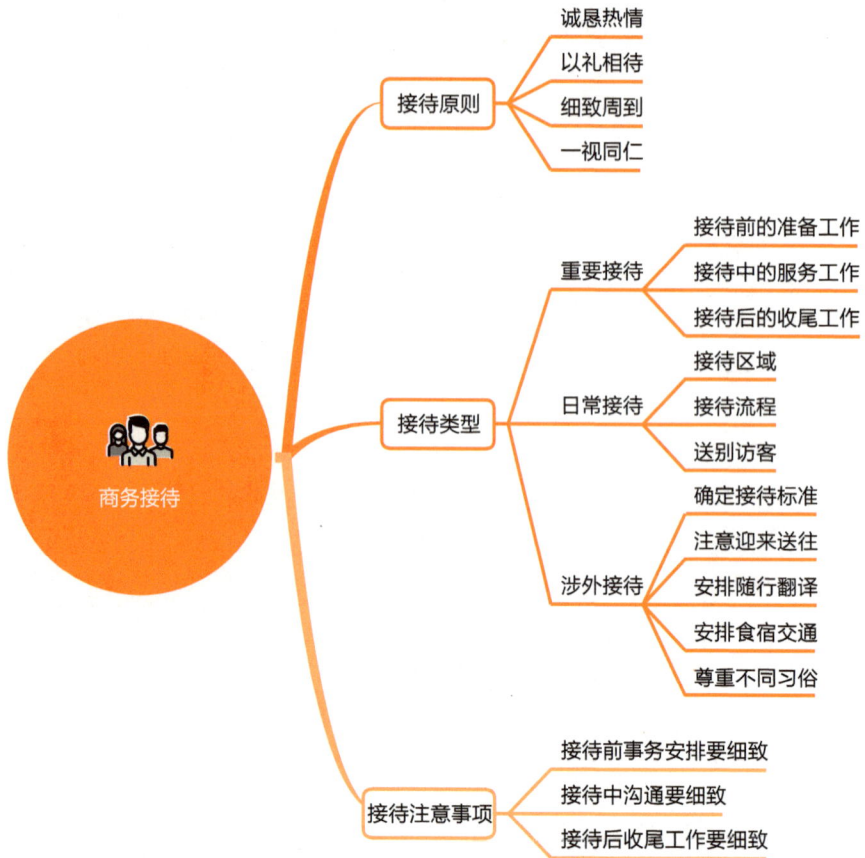

```
商务接待
├── 接待原则
│   ├── 诚恳热情
│   ├── 以礼相待
│   ├── 细致周到
│   └── 一视同仁
├── 接待类型
│   ├── 重要接待
│   │   ├── 接待前的准备工作
│   │   ├── 接待中的服务工作
│   │   └── 接待后的收尾工作
│   ├── 日常接待
│   │   ├── 接待区域
│   │   ├── 接待流程
│   │   └── 送别访客
│   └── 涉外接待
│       ├── 确定接待标准
│       ├── 注意迎来送往
│       ├── 安排随行翻译
│       ├── 安排食宿交通
│       └── 尊重不同习俗
└── 接待注意事项
    ├── 接待前事务安排要细致
    ├── 接待中沟通要细致
    └── 接待后收尾工作要细致
```

接待对公司来说是一项重要的对外工作，来访者会根据接待体验判断一家公司是否可靠。例如，当我们第一次去一家公司拜访时，会通过各种细节判断这家公司是否可靠，例如，前台人员是否热情，有无递给我们一杯水等。如果接待体验好，我们会觉得这家公司专业周到，值得信赖；如果接待体验差，我们会觉得自己不受尊重，这家公司不可靠，甚至取消合作意向。人们经常通过接待工作流程是否规范、接待是否到位来判断一家公司的实力和管理水平。因此，行政部应该做好接待工作，保证接待流程规范执行、接待标准得到贯彻、接待细节落实到位、接待质量有所保障。

4.1　接待中要遵循的四个原则

有些人觉得接待工作很简单，就是引领客户，为客户端茶倒水。其实恰恰相反，接待并不简单，接待人员要遵守很多规则，还要学习很多接待技巧。行政部要以诚恳热情、以礼相待、细致周到、一视同仁为原则接待访客（见图 4-1）。

图 4-1　接待原则

1. 诚恳热情

对于访客，无论其职位高低，接待人员都应该诚恳热情地接待，让访客感到愉快、轻松。把诚恳热情这个原则放在首位，其实就是把访客的感受放在首位。假设访客第一次来公司拜访，在给前台人员递名片的时候，先被前台人员不耐烦地瞥了一眼，然后被随意安排到大堂角落久坐，可想而知，这种既不诚恳也不热情的接待方式一定会给访客留下不好的印象。

2. 以礼相待

除了诚恳热情，接待人员还要以礼相待。不管是哪种礼仪，其内核只有两个字——尊重。礼仪是尊重他人的外在表现形式。接待人员接待访客时应对其表示尊重，双手接过名片并妥善保管，耐心地回答访客提出的问题。

3. 细致周到

讲礼仪能体现对访客的尊重，但如果过于讲礼仪或只讲礼仪，而忽略了对访客本身的关注，就会导致"尊重有余、亲近不足"。遵循细致周到这个原则就是为了弥补这个不足。要在细节处有安排，让访客感受到公司的特别关怀。例如，提醒客户等待时坐在避风的位置；给访客倒水前先问要热的还是温的，接热水时套两个纸杯或用加厚纸杯，以免烫伤访客。接待人员在一些细节上表现出对访客的关心，可以拉近双方的心理距离，获得对方的认同和好感。

4. 一视同仁

公司每天的访客有很多，如投资人、快递人员、合作伙伴、推销人员等。作为接待人员，不管对方是谁，都要一视同仁。接待人员不应根据职务高低、资产多寡而区别对待访客。

总而言之，接待人员要用诚恳热情的态度欢迎访客，用接待礼仪体现对他们的尊重，用细致周到的服务让他们感受到温暖，并对所有访客一视同仁。

4.2　三类不同的接待

根据接待规格和接待对象，接待一般可分为三大类——重要接待、日常接待和涉外接待。其中，重要接待的对象主要是重要政务人员、上级检查人员、重要的合作伙伴、贵宾、媒体工作人员等，日常接待的对象主要是前来洽谈业务的人员、外地参观团、下属公司来人等。

1. 重要接待

重要接待往往涉及对公司非常重要的事情。行政部应该根据接待目的制定接待方案，做好接待前的准备工作、接待中的服务工作和接待后的收尾工作，尤其要注意严格控制接待费用，不能超出预算。

重要接待的具体工作可分解为接待前的准备工作、接待中的服务工作、接待后的收尾工作。

（1）接待前的准备工作（见图 4-2）

图 4-2　接待前的准备工作

① 运用 5W1H（Why、What、When、Where、Who、How much）了解访客信息。

- Why——访客的来访目的是什么，接待目的是什么。

- What——访客来谈什么，需要准备什么。
- When——到达时间、停留时间、返回时间。
- Where——访客从哪里来，来了之后住在哪里，去哪里吃饭，去哪里参观游览。
- Who——访客的数量及其职务、名字、性别、年龄等。
- How much——预算有多少。

② 确定接待标准，访客级别不同，对应的预算标准也不同。

③ 制定接待流程，越详细越好。

- 制定接待方案，列清楚行程、联系人、酒店、餐厅、车辆、司机等。接待日程表要列清楚时间、事件、地点、参加人、对接人、责任人、联系方式等。
- 安排司机和接待人员去机场或车站接重要的访客。出发前，保证车辆状况正常，当日车辆不限号，并随身携带相关证件。
- 提前 15 分钟左右通知接待组到公司门口或到指定地点准备接待。
- 氛围装饰以简洁大气为宜，不要太花哨。
- 如果访客要参观公司（如工厂或重点项目），接待人员应提前确定参观地点及参观顺序。
- 双方会谈前，接待人员应准备好旗帜、横幅、易拉宝、公司介绍视频、相关资料等。
- 商务宴请前，接待人员应确定陪同领导、参与人和宴请标准。
- 陪同访客游览时，应视情况安排导游或翻译。
- 临别送行时，根据访客级别和来访事项的重要程度安排送别。

④ 明确责任分工，确定各部门及员工的职责。

⑤ 制定追责制度，提前把责任划分清楚，确定每个人该做什么，什么时间做完，做到什么程度，应该交付什么成果。

⑥ 提前模拟演练，尽早发现并解决问题。

（2）接待中的服务工作

① 信息共享。告知访客每个流程的大概时间，给访客提前准备的时间。最好提前给访客详细的日程表，给访客留足准备时间。另外，最好将制定好的商务接待流程共享给接待组所有成员，这样可以避免很多麻烦。

② 按计划执行。接待过程中尽量控制每件事的走向，尽量让事情按照预期进行。如果在现场发现原计划不合适的地方，要及时跟领导汇报，寻求解决方案，或者经领导同意后立刻执行备选方案。

③ 突发情况处理。提前准备应急预案，一旦遇到突发事件，也不至于慌乱。

（3）接待后的收尾工作

① 持续跟进，建立合作关系、签订合同、履约等。

② 深度复盘。从接待效果、执行过程等不同角度做深度复盘。

③ 工作总结。整理全部文件资料并归档，备份重要文件资料并总结经验。

2. 日常接待

（1）接待区域

公司的接待区域主要包括前台、等候区和接待室三个部分。

① 前台。前台一般面对公司大门，与背景墙之间留出 1.3 米至 1.8 米的距离。前台配有办公椅和柜子，方便前台人员办公。前台人员需要填写

来宾接待记录表（见表4-1），记清楚每天来访人员的详细信息，包括姓名、公司、来访人数、来访目的、到达和离开的时间、活动安排等。

表4-1　来宾接待记录表

序号	日期	姓名	公司	来访人数	被访人		来访目的	时间		活动安排
					姓名	部门		到达	离开	

前台是接待工作的第一站，前台人员是访客在公司接触的第一个人，所以前台人员的言谈举止直接影响访客对公司的第一印象。因此，行政部一般会针对前台人员制定明确的接待要求（见图4-3）。

前台人员 接待要求

- 保持前台干净整洁。
- 坐姿端正，不疾跑，不在前台大声喧哗、追逐打闹。
- 对来访者应热情主动，询问对方来访目的和身份。
- 与人交谈时，应该放下手里的工作，面带微笑，平视对方。
- 确认对方是否有预约，视情况安排。
- 不在前台打私人电话、吃零食、整理衣服、化妆等。

图4-3　前台人员接待要求

② 等候区。在前台人员联系接待人的时候，访客一般会在等候区休息。等候区一般设置在前台附近，很多公司会在等候区放置沙发、咖啡桌、阅读架等。阅读架上可以放公司简介资料、产品资料等，供访客翻

看，进一步了解公司。

和前台一样，等候区也需要保持干净卫生。访客离开后，前台人员应及时清扫，把物品恢复原位，以便下一位访客使用。

③ 接待室。公司还需要准备一间接待室或会客室，如果场地有限，至少也要准备一间接待室。接待室是公司的会客厅、活动的主场地，需要精心布置。最好把布置效果固定，包括整体布局、室内装饰、硬件设施、配备用品等，这样后期维护、用品补充都可以制度化。

整体布局：

- 整体环境要保持整洁、美观，以便随时接待访客或领导；
- 尽量选择光线充足、空气流通良好的房间作为接待室；
- 接待室的面积不能过小，否则会显得公司不大气；
- 桌椅摆放整齐有序，最好呈品字摆放，以便交流。

室内装饰：

- 墙面色彩采用公司标准色；
- 摆放公司荣誉证书；
- 摆放有分量、有意义的宣传照片；
- 摆放公司标志物，张贴宣传海报。

硬件设施：

- 检查照明设施是否正常工作，电源插头是否损坏；
- 检查空调、遥控器是否正常工作，最好在访客来访前一小时开空调测试；
- 检查电视机、音响、投影仪等设备能否正常工作，提前进行调试。

配备用品：

- 室内摆放一些盆栽；

- 墙上挂钟表，定期更换电池、清洁、核对时间；

- 放置阅读架，阅读架上放公司简介资料、产品资料等；

- 桌椅保持干净整洁，定时检查桌椅，及时更换损坏的桌椅；

- 计算桌椅数量，保证人人有座位，可以适当多放几把椅子，但不要
  放太多；

- 桌上可以摆放公司旗帜、公司标识等；

- 提前制作桌签，核对名字；

- 茶杯摆放整齐，放在方便拿取的位置；

- 茶叶用茶叶盒装好，摆放在固定位置；

- 提前半小时打开饮水机，如果经常使用接待室，饮水机可以保持常
  开状态；如果用水壶，提前半小时准备开水并将水壶摆放整齐；

- 茶点用盘分装好，水果洗干净后装盘，最好放香蕉、橘子等方便食
  用的水果；

- 文件资料装袋或整理好后摆放在合适的位置，封面向上。

（2）接待流程（见图4-4）

如果访客有预约，就说明来访事宜已经被安排进日程表，有人对接。接待没有预约的访客比较麻烦，因为有时很难判断访客的身份，前台人员需要使用适当的话术，可以问"请问您有预约吗""请问您找哪位""请问您是哪家公司的""您贵姓"等。

回绝话术：
·对不起，××出差了，暂时联系不上他的秘书，请问您有什么事情？我可以帮您转达
·对不起，××出差了，暂时联系不上他的秘书，您方便留一张名片吗？等他回来我第一时间帮您转达

询问话术：
·请问您有预约吗
·请问您找哪位
·请问您是哪家公司的
·您贵姓

有客来访

立刻停下手里的工作，热情地打招呼

询问访客是否有预约

访客来访目的是否与公司业务有关　否　礼貌地回绝

是

是否必须由领导接待

·做好服务和记录工作
·每隔 15~20 分钟续一次水
·及时递上公司资料
·记录交流要点

与领导确认现在是否方便接待

与部门负责人确认是否方便接待

接待完毕，送别访客

引领访客到接待室

请示领导访客需要等待多长时间

·主动帮访客取衣帽、拿随身物品
·帮访客分担重物
·送访客到门口、电梯口或汽车旁
·握手道别，目送访客上车或离开

提醒领导接待

告知访客需要等待多长时间

留下访客信息，确认下次会客时间

引领访客到接待室

提醒部门负责人接待

双手奉上茶水，告知可以随意翻阅阅读架上的资料。访客落座后，先说"请您稍坐，我去请××过来"，再点头示意离开

确认访客是否愿意等待

双手奉上茶水，告知可以随意翻阅阅读架上的资料

引领访客到等待区等待

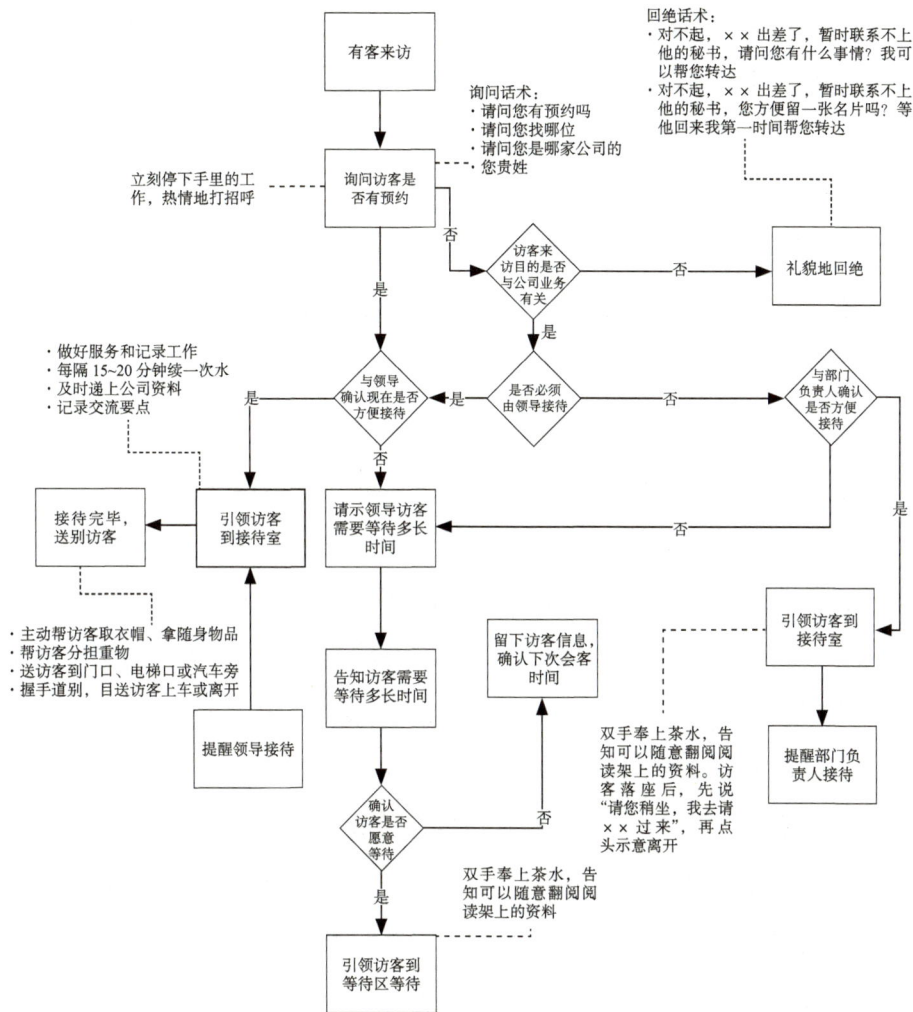

图 4-4　接待流程

　　前台人员如果确定访客是来推销公司不需要的产品的，就可以跟对方说"对不起，××出差了，暂时联系不上他的秘书，请问您有什么事情？我可以帮您转达"或"对不起，××去外地出差了，暂时联系不上他的秘书，您方便留一张名片吗？等他回来我第一时间帮您转达"。

有些访客不愿说出自己的姓名和公司。这时，前台人员要尽量通过访客的回答判断是否安排访客与领导见面。如果访客直接要求找某位领导，前台人员不要直接回答他领导是否在公司，要尽量给自己留出一定的回旋余地。前台人员可以说："请您到这边稍坐，我现在去确认一下领导在不在。"同时要委婉地询问对方："请问您是哪家公司的？怎么称呼您？请问您找他有什么事？"尽量记清楚访客的体貌特征和个人特点，再去请示领导。如果通过电话请示领导的意见，要问"××办公室吗"，不要说"××您好"。

如果领导不愿意见访客，前台人员可以跟访客说领导不在，正好外出或出差了。如果领导愿意见访客但确实没有时间，前台人员可以安排其他领导接待或换个时间接待。如果领导确实不在，前台人员可以直接告诉访客实情，但不要说出领导具体的去向。如果没有明确访客的身份及其来访的真实目的，不要随意透露公司和领导的信息，更不能在领导没有授权的情况下就直接告知访客领导的具体行程甚至个人联系方式。

如果是上级突击检查，前台人员要迅速做出反应，灵活应对。一般先请对方在等候区休息，然后第一时间向上级领导汇报，请领导安排后续工作。在这种情况下，一般都由公司某位领导出面负责接待工作，由前台人员和行政部的接待人员协助完成具体的接待工作。

（3）送别访客

接待的最后一步是送别访客。俗话说："出迎三步，身送七步。"接待人员不仅要热情迎接访客，还要热情送别访客。

当访客要离开时，接待人员要等访客起身后再起身。访客还没起身，接待人员先起身，在访客眼里就有点等不及撵自己走的意思。访客提出要走，接待人员还坐在沙发上、不搭理访客，在访客看来是非常不礼貌的行为。比较好的做法是，当访客提出要告辞并已经起身的时候，接待人员应该马上跟着起身，一边说"这次跟您聊天非常愉快！希望您下次再来"，一边主动帮访客拿随身物品。

如果访客带的东西比较多或比较重，接待人员要帮访客分担，把访客送到电梯口、公司门口或访客的汽车旁边，然后与访客握手道别，目送访客离开。如果访客从外地赶来，接待人员还应协助访客订购返程票，安排访客去车站或机场的交通工具。对于重要的访客，接待人员还要安排司机送行或亲自送行。

3. 涉外接待

各国之间有文化差异，为了避免尴尬，接待人员需要掌握来访外宾的各项信息，如姓名、年龄、国籍、性别、职务、兴趣爱好、饮食习惯和禁忌、同行人员、来访次数等，以便细致地安排接待活动。涉外接待需要注意图 4-5 所示的五个方面。

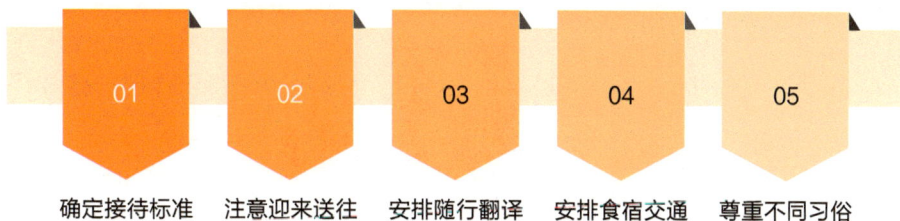

01	02	03	04	05
确定接待标准	注意迎来送往	安排随行翻译	安排食宿交通	尊重不同习俗

图 4-5　涉外接待需要注意的五个方面

（1）确定接待标准

接待标准是安排和执行具体接待工作的依据。确定接待标准的重点是确定预算。

（2）注意迎来送往

迎接和送别是接待工作开始和收尾的两项工作，前者决定了访客对公司的第一印象，后者决定了接待工作能否善终。如果访客对公司的第一印象好，就可以为后续的签约等工作打下良好的基础。

（3）安排随行翻译

当外宾来访时，接待人员应安排翻译，解决语言障碍的问题。在迎接、送别等环节安排随行翻译，在会谈环节安排会议翻译，必要时安排同传、交传人员。

（4）安排食宿交通

安排饮食时一定要考虑访客的个人体质，有的人是过敏体质，如对花生、海鲜或鸡蛋过敏。同时，要注意食品安全问题。最好安排在标准化的连锁酒店和餐厅就餐，这样不容易出错。如果食宿交通安排不能满足访客的需要，就可能会间接影响双方后续的交往和合作。因此，在整个接待过程中，要高度重视食宿交通问题。

（5）尊重不同习俗

在涉外接待中，要特别注意习俗差异。负责涉外接待工作时一定要提前搜集相关信息，尽可能多地了解外宾的风俗习惯，以免出错。

4.3　在接待中需要注意什么

接待是行政部的一项重要的对外工作。在接待中，有很多需要注意的事项，所以接待人员做事要细致。

1. 接待前事务安排要细致

在安排接待车辆、住宿、交通、茶水、场所、礼品时要细致，根据访客的需求做不同的安排。例如，有的访客喜欢喝红茶，有的访客喜欢喝绿茶，有的访客只喝速溶咖啡，接待人员应根据访客的需求多准备几种饮品。

2. 接待中沟通要细致

行政部主要负责接待工作，其他工作需要其他部门协调配合。在接待过程中，接待人员既需要与本部门沟通，也需要与其他部门沟通。

（1）与本部门沟通。从迎接访客到送别访客，整个过程都需要行政部各岗位之间的协调和配合，无论车辆管理、车辆使用、安保维护、卫生清洁还是文书起草、印章管理，这些工作都需要各岗位人员协作完成，接待负责人相当于桥梁，发挥着连接各岗位人员的作用，以减少内耗，提高沟通效率。

（2）与其他部门沟通。在接待过程中，接待人员经常需要跨部门沟通。例如，接待人员需要与受访部门对接，告知受访部门关于访客的基本信息和需求，与受访部门积极沟通接待方案和接待细节。又如，接待人员需要与财务部沟通接待费用，与市场部沟通产品推广、业务推进等事项。

3. 接待后收尾工作要细致

送走访客并不意味着接待工作就结束了，接待人员还要做好收尾工作。收尾工作包括结清款项、收回剩余物资、总结经验与教训等。

❗ 案例分析

圆圆是一家公司的行政秘书。每天来公司的访客有很多，圆圆工作很忙碌。某日10：00，公司来了一位客户，圆圆赶紧上前打招呼。聊了两句后，圆圆发现客户跟经理约在10：30会面，但客户提前半个小时就到了。圆圆把客户请到等候区，递给他一杯温水。经理告诉圆圆让客户稍等一会儿，他尽量在15分钟内结束会议。圆圆回到前台，跟客户说："实在抱歉，经理正在接待一位重要客户，请您稍等一下。"客户点了点头没说话，圆圆看这边没什么可以做的事了，正好有同事叫她，就转身去忙其他工作了。

分析： 圆圆有做得不错的地方，但也有一些地方需要优化。及时安置客户，第一时间确认领导能否会客，领导无法立刻接待的时候向客户表示歉意，这些都是圆圆做得不错的地方。但是，她对客户说经理在接待重要客户，这句话会让客户觉得自己不重要，别的客户更重要。圆圆的这句话很可能得罪客户。接待人员代表公司与外界打交道，所以要特别注意自己的言行举止。

📝 常用清单及模板

常用清单

商务接待清单

常用模板

模板 1：来宾接待记录表

模板 2：接待预算表

模板 3：业务招待费申请表

模板 4：接待用餐申请表

模板 5：接待审批表

模板 6：来宾接待日程表

模板 7：公司参观登记表

模板 8：商务接待安排表

模板 9：接待准备明细表

模板 10：涉外接待总结表

第 5 章

公司会议怎么组织才高效

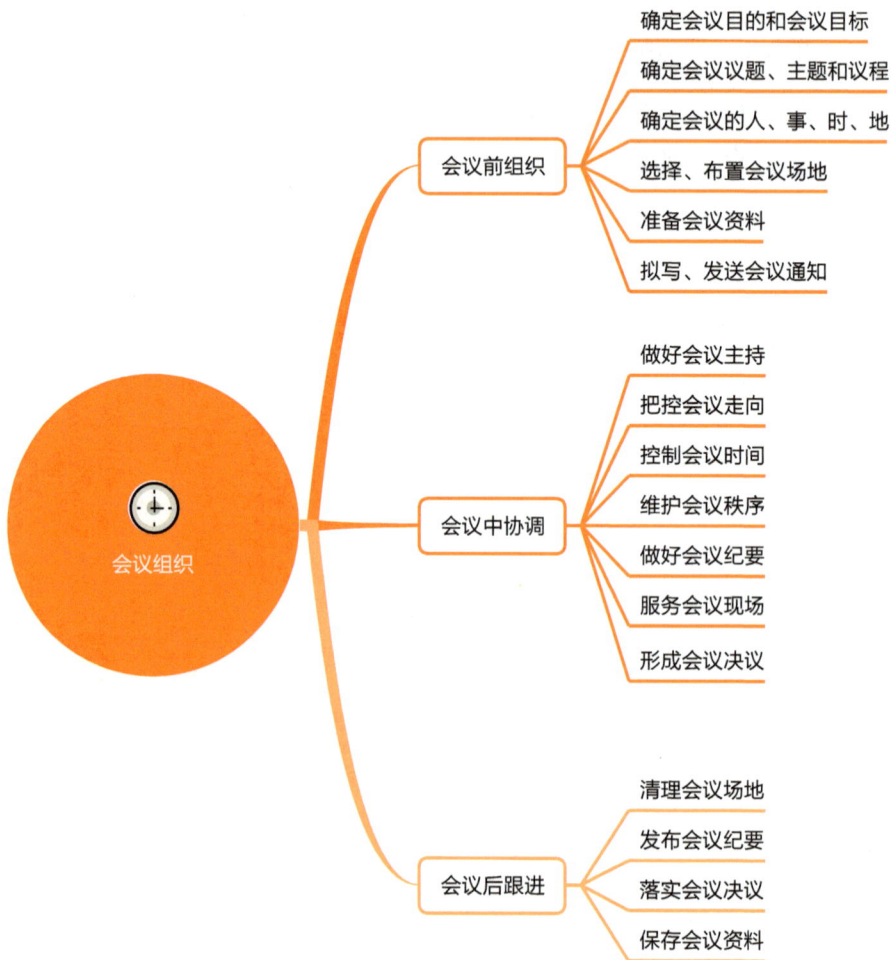

会议组织

会议前组织
- 确定会议目的和会议目标
- 确定会议议题、主题和议程
- 确定会议的人、事、时、地
- 选择、布置会议场地
- 准备会议资料
- 拟写、发送会议通知

会议中协调
- 做好会议主持
- 把控会议走向
- 控制会议时间
- 维护会议秩序
- 做好会议纪要
- 服务会议现场
- 形成会议决议

会议后跟进
- 清理会议场地
- 发布会议纪要
- 落实会议决议
- 保存会议资料

　　行政文秘需要办文、办会、办事。那么，会议怎么组织才高效呢？实践证明，会前的充分准备、会议过程中的有效管控和会后的及时跟进可以让会议变得更高效。

一场会议由内容要素、程序要素和形式要素构成，具体如图 5-1 所示。

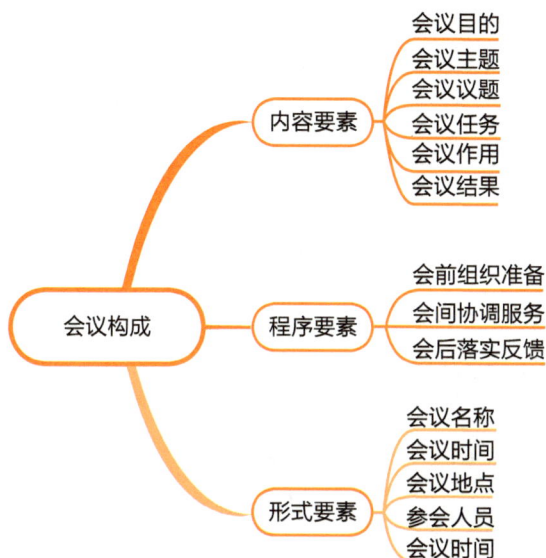

图 5-1　会议构成

（1）内容要素包括会议目的、会议主题、会议议题、会议任务、会议作用和会议结果。其中，会议主题和会议议题容易混淆，会议主题是贯穿会议始终、把各项会议议题串联起来的主线；会议议题是在会上讨论的各个小主题，可以分为中心议题和次要议题。会议结果包括过程文件、最后文件和共同文件。过程文件是在会议过程中形成的文件，如会议纪要、会议记录、会议简报、文件草稿、讨论稿等；最后文件是在会议结束后，对外发布或对内留存的书面文件，包括各种决议、决定、通知、合同、协定和计划等；共同文件特指在双边或多边会谈中与会各方最终签署的文件。

（2）程序要素包括会前组织准备、会间协调服务和会后落实反馈。

（3）形式要素包括会议名称、会议时间、会议地点、参会人员和会议时间。

下面详细介绍组织一场会议需要做哪些工作。

5.1 会议前组织

1. 确定会议目的和会议目标

为什么要召开本次会议？本次会议要解决什么问题？本次会议要达成什么目标？这些是行政文秘在会议之前就要思考的问题。

2. 确定会议议题、主题和议程

围绕会议目的和会议目标，我们要讨论或要解决的问题，就是会议议题。因此，会议一定要有议题。

大型会议一定有主题，如"低碳能源：领先世界的机遇"；公司年会也有主题，如"乘风破浪，羊年开泰"。日常的一般性会议可以有主题，也可以没有主题。

会议议程是根据会议议题对会议内容做出的具体安排，在会议开始前就要列出会议上要干什么。

3. 确定会议的人、事、时、地

（1）人

确定参会人员、记录人员、主持人等，这是提高会议效率的必要条件。

（2）事

确定会议议程，即确定在会议上要讨论的议题及其顺序，各环节怎么设置，每个人的角色是什么，每个议题花多长时间讨论。

（3）时

在会议开始前，确定开始时间、休息时间和结束时间。如果会议时长超过一小时，会议中间一定要有休息时间，人们连续开超过一小时的会通常会感到非常疲惫。如果会议中间有休息时间，就要提前告知参会人员。如果参会人员不知道会议中间没有休息时间，就可能有人在会议中离开会场，破坏会议秩序。另外，行政文秘还要和参会人员确定会议时间是否合适，给参会人员充足的时间准备会议需要的汇报材料或发言材料。

（4）地

行政文秘需要确定在什么地方开会，确定在公司内开会还是在公司外开会，具体到哪间会议室。此外，行政文秘要提前测试会场里的设备，确保其能正常使用。最好在预约好的会议室门上贴一个便签，写上开会时间，这样会议室就不会被其他人占用了。如果公司有线上会议预约系统，行政文秘可以直接在系统上预约会议室，这样效率更高。

4. 选择、布置会议场地

有些公司会议特别多，一天几个会甚至十几个会。在这些公司里，安排会议室就成了难题。在这种情况下，行政文秘必须十分了解公司的会议室资源，如公司会议室的数量、每间会议室的配置情况、每间会议室的容量、每间会议室适合召开的会议类型等，只有这样才能合理安排会议室。

会议场地布置看起来不重要，但如果缺这少那，会议就会进行不下去。如果会场里的设备出现问题，就会直接影响会议效果，继而影响会议产出。行政部作为公司的"大管家"，应该对会议室进行标准化管理，保证会议顺利进行。

会议室常用物品有很多，大概可以分为以下几类。

- 基本设备：桌、椅、灯、空调等。
- 装饰物：公司标识、画像等。
- 电子设备：音响、投影仪、电源线、话筒、翻页笔、计算机、录音笔、同声翻译系统等。
- 办公用品：A4纸、中性笔、记号笔、笔记本等。

行政部可以把会议室物品固定下来，对其进行标准化管理，确定物品的类型、数量、规格、型号，明确物品是租用的、借用的还是采购回来的，逐一登记在册，以后随用随收、随时补充。行政部还可以在会议室的墙上张贴一张资产清单，列明会议室里的物品。这样一来，用完会议室后，就可以直接对照资产清单进行检查，非常方便。

常见的会场布置方式如表5-1所示。

表5-1 常见的会场布置方式

会场布置方式	常见类型	适用场景	氛围营造
上下相对式	"而"字形	大型的报告会、总结表彰会、代表大会等	突出主席台，凸显会场氛围，显得庄重、严肃
全围式	多边形、椭圆形、圆形、长方形、八角形、"回"字形	小型会议、座谈会、协商会等	凸显融洽、平等的氛围
半围式	五边形、T形、"出"字形、桥形	中小型会议，如面试、竞聘等	既突出主席台主导地位，又能营造融洽的氛围
分散式	V形、圆桌形	大型联欢会、年会、茶话会等	氛围更加轻松和谐
并列式	T形、上下形、马蹄形、长方形、椭圆形、直角形、弧形、半圆形	双边会谈和会见	凸显平等和尊重的氛围

（1）上下相对式（见图 5-2）：主席台和代表席上下相对，代表席既可以横向摆放桌子，也可以竖向摆放桌子。

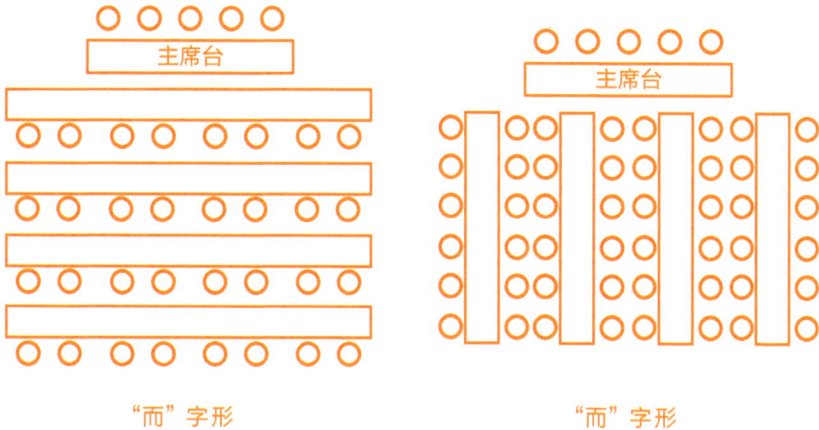

图 5-2　上下相对式

（2）全围式（见图 5-3）：不设主席台，参会人员围坐在一起。

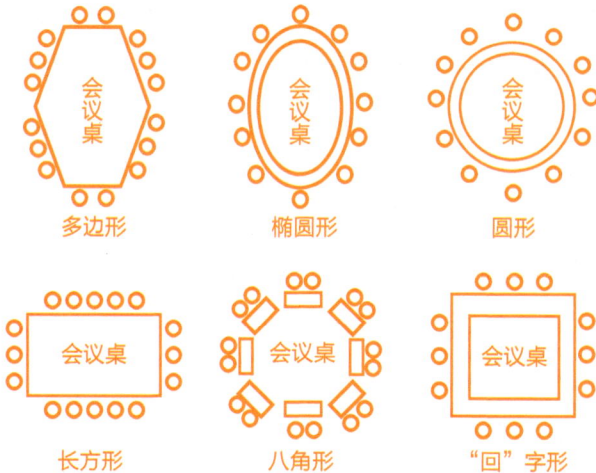

图 5-3　全围式

（3）半围式（见图 5-4）：代表席在主席台的对面、左右，让代表席把主席台半围起来。

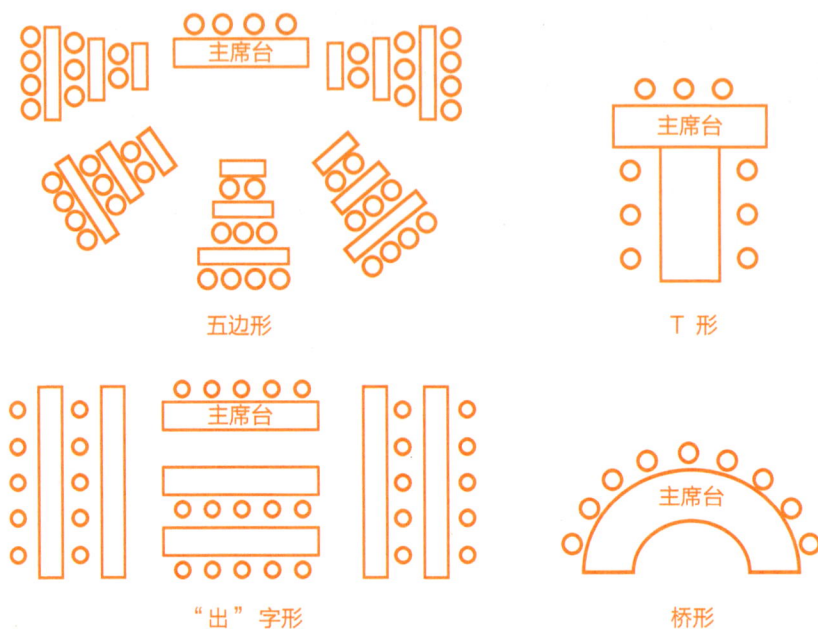

五边形　　　　　　　　　Ｔ形

"出"字形　　　　　　　　桥形

图 5-4　半围式

（4）分散式（见图 5-5）：布局较为松散，每张会议桌是一个中心，领导人所在的那桌为主桌，这样既有中心，又有多个交流中心，会议氛围更加轻松和谐。

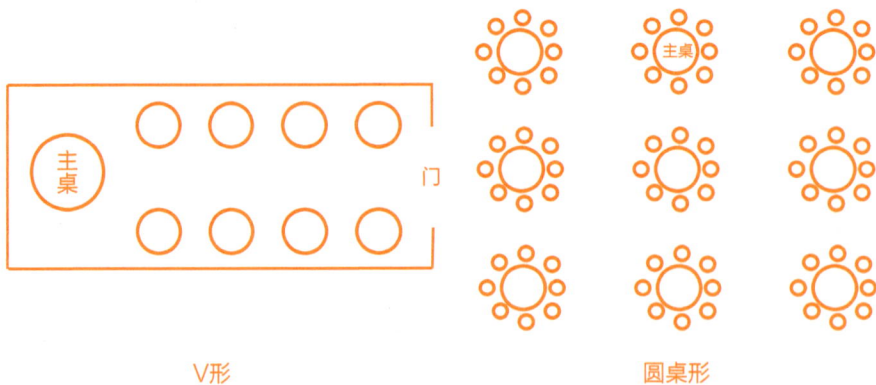

Ｖ形　　　　　　　　　圆桌形

图 5-5　分散式

（5）并列式（见图 5-6）：有多种布局方式，适用于多种场合。

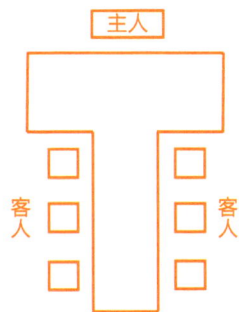

T 形
适合接见下属或公关性会见

上下形
适合接见会议代表、先进人物

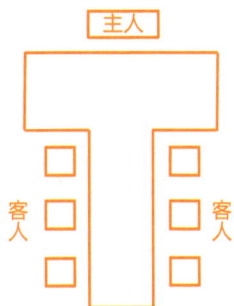

T 形
适合接见下属或公关性会见

上下形
适合接见会议代表、先进人物

马蹄形
适合人数较少的涉外会见

马蹄形
适合双方夫人都参加的会见

图 5-6　并列式

对于人数比较少的涉外会见，可选择长方形、椭圆形、直角形布局方式，具体如图 5-7 所示。

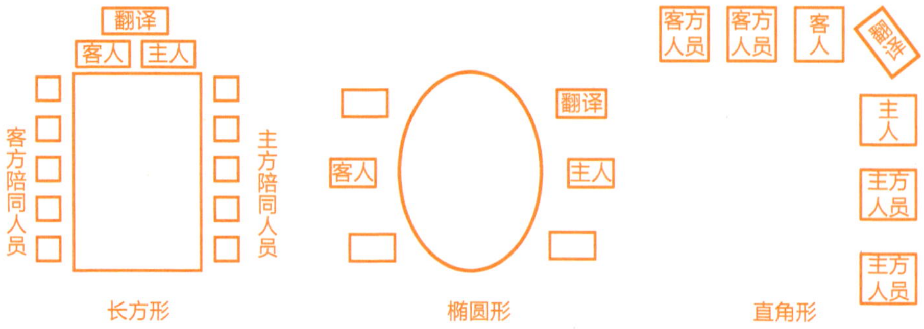

图 5-7　长方形、椭圆形和直角形布局方式

介绍完会场布置，下面介绍座次排序。座次排序非常重要，行政文秘必须知道座次排序的注意事项。

如果人数是单数，第一位居中，然后按先左后右顺次排序，具体如图 5-8 所示。

图 5-8　人数是单数的座次排序

如果人数是双数，第一位在中间居左的位置，第二位在中间居右的位置，然后按先左后右顺次排序，具体如图 5-9 所示。

图 5-9　人数是双数的座次排序

如果只有甲、乙两方，也可以交叉间隔坐，具体如图 5-10 所示。图中 1、2、3 表示甲方，①、②、③表示乙方。

③	2	①	1	②	3

主席台

图 5-10　甲、乙两方的座次排序

一般来说，主要有以下几种座次排序方法：

- 按参会人员的职务高低排序；
- 按参会人员的姓氏笔画排序；
- 按上级批复、任命通知或公司惯例排序。

5. 准备会议资料

在会议开始前，行政文秘需要准备议程表、会议通知、发言稿、主持稿、PPT 等资料。有的材料由行政文秘准备，有的材料由参会人员提供。会议资料准备好后，行政文秘要提前打印资料并把资料摆放在桌子上，以便参会人员直接使用。会议资料宜采用纸质资料，这样可以随手记录信息，开会时直接据此提问，提高沟通效率。一般根据参会人数、存档数量再加机动数量确定会议资料打印份数，不确定的时候要把握一个原则——宁多勿少。

6. 拟写、发送会议通知

行政文秘需要掌握会议通知的规范格式和拟写方法，同时掌握发送会议通知的方法和技巧。

发送会议通知的目的是提前让参会人员知道本次会议的内容和安排，以便其在会议开始前做充分的准备，从而保证会议质量。

会议通知应至少提前一天发送。各部门都有自己的工作计划，要尽量提前协调各部门的时间。

会议通知的内容包括以下几个部分。

- 称呼（有时可以省略）。

- 会议主题。

- 会议时间：开始时间、休息时间、结束时间。

- 会议地点：具体清晰，没有歧义。

- 参会人员：无关人员不用参会。

- 会议议程。

- 通知者。

- 注意事项。

- 发文单位及日期。

常见的会议通知有五种形式，分别是文件式、备忘录式、请柬式、海报式和公告式。其中，备忘录式会议通知是最常用的形式之一，示例如下。

会议通知

××××：

兹定于××××年××月××日上午 10：00—11：00 在公司三楼会议室召开各部门经理每周工作例会，请各位准时出席。

总经办

××××年××月××日

会议通知的发送形式有很多种。例如，外企喜欢发邮件，私企喜欢发至微信群。例行会议通知发一次就行，重要会议通知需要发多次，甚至需要与每位参会人员确认是否收到了通知。

5.2 会议中协调

会前准备是基础，会议中协调才是重点。行政文秘在会议中做的事情有很多，主要包括做好会议主持，把控会议走向，控制会议时间，维护会议秩序，做好会议纪要，服务会议现场，形成会议决议。

1. 做好会议主持

有的行政文秘不仅要负责组织会议，还要负责主持工作。主持会议是非常好的公开发言的机会，会议主持人是把控会议走向的关键人物。

2. 把控会议走向

开会时，难免会有人把话题带偏。上一秒大家还在讨论怎么完成这个季度的业绩指标，下一秒某人就把话题带到了中午吃什么饭上面。当会议话题被带偏时，行政文秘要及时介入。

有人在会议上喜欢进行头脑风暴，当谈到一个问题时，就会联想到另一个问题，然后其他人也展开联想，几轮过后，大家很容易忘记原本要讨论的主题。因此，当行政文秘发现与会者已经偏离会议主题时，要及时提醒参会人员关注会议主题。

如果会议上需要进行头脑风暴，让大家集思广益，行政文秘就要鼓励联想和发散思维并将大家的想法记录下来，会后进行筛选、整理，说不定一个好点子就此产生。

3. 控制会议时间

如果会议前期准备到位，会中按计划执行即可。有些公司的开会效率很高，说几点开始就几点开始，说几点结束就几点结束，但很多公司做不到这一点。有的人在会上发言时滔滔不绝，但没逻辑、没重点。对于这样的人，行政文秘应及时提醒。如果在会议中某一事项讨论过久，那么后面某些不太重要的事项就可以快速推进，尽量控制好会议时间，避免会议超时。

4. 维护会议秩序

有人说，会议秩序好不好取决于领导在不在。领导在的时候，没有迟到早退的，也没有玩手机、随意走动的。行政文秘在资历尚浅的时候很难独自主导会议，哪怕是代开会也很难完成。因此，刚开始的时候，行政文秘只要配合领导控制好会议时间和会议节奏并在会前强调会议秩序就可以了。

5. 做好会议纪要

做好会议纪要非常考验行政文秘快速记忆的能力。在会议记录的基础上，对会议的主要内容和议定事项进行总结提炼，形成的文件就是会议纪要。撰写会议纪要非常考验行政文秘提取重点和归纳总结的能力。会议纪要的撰写方法将在第6章中介绍。

6. 服务会议现场

会议现场总是会发生各种各样的情况，行政文秘要做好会议现场服务。例如，讲 PPT 时投影仪突然坏了，这时行政文秘要根据以往的经验灵活应对。如果会议刚开始，行政文秘就要边联系工程部同事迅速解决问题，边找其他可立即使用的会议室。如果会议进入尾声，行政文秘可以把 PPT 发到微信群里，请参会人员在手机上看 PPT。

7. 形成会议决议

很多会议开了很久，但是没有任何结论。行政文秘要帮助形成会议决议，明确计划负责人、产出物、时间节点、交付对象等，然后通过邮件或其他方式将会议决议传达给每一位参会人员，避免出现后期出现相互推诿责任的情况。

行政文秘不仅要带着纸和笔去开会，还要带着脑子去开会。开会不仅是熟悉公司业务的机会，还是收集信息的好机会。例如，会议中发生的争执是怎么解决的，当事人的行为模式是什么，日后遇到参与各方有矛盾但必须相互合作的工作时需要注意什么，这些都是只能在争执现场才能收集到的信息。因此，行政文秘要尽量到现场去，离现场越近，收集的信息就越全面。

5.3　会议后跟进

会议结束不代表工作完成。会议结束后，行政文秘还需要清理会议场地、发布会议纪要、落实会议决议和保存会议资料。

1. 清理会议场地

会议结束后，行政文秘除了要将会议室打扫干净，还要关闭所有电子设备，检查基础设施，退还租借的物品。如果设备、器材在会议过程中发生故障，应及时向后勤部门报修，确保下次开会时能正常使用。其他工作包括：收回并及时销毁剩余的文件；清理会场其他物品，如参会人员随手扔的废纸、矿泉水瓶等。

2. 发布会议纪要

会议结束后，行政文秘要及时发布会议纪要，与参会人员再次确认会议内容和需要完成的工作。

发布会议纪要时要注意以下几点。

- 确认发送范围，如群发、单独发送。
- 明确参会人员接下来需要完成的工作，避免后期出现相互推诿责任的情况。
- 仔细检查会议纪要，确保条理清晰、内容规范、无遗漏。

3. 落实会议决议

"开会不执行，一切等于零。"行政文秘要详细记录会上确定的各项工作，逐项列出需要检查或催办的事项，并将其写入会议纪要。会后，行政文秘要及时跟进，记录各项工作的进展情况。为了方便领导查阅，行政文秘可以将各项工作的进展情况汇总到会后决议执行跟踪及反馈表（见表 5-2）中。

表 5-2　会后决议执行跟踪及反馈表

部门：					____年__月__日会后决议执行跟踪及反馈表					
序号	会议决议／交办事项	责任人	时间节点	产出物	结果评定			未完成原因分析	解决办法／困难	备注
					完成	推迟	未完成			
1										
2										
3										
4										
5										
……										

追踪日期：　　　　　　　　　　　　　　　　　　　　　　　　　　追踪人：

4. 保存会议资料

会议结束后，行政文秘要把会议期间产生的文件资料（如会议背景资料、会议通知、各部门汇报资料、数据资料、领导发言稿、主持稿、会议纪要、会后决议执行跟踪及反馈表等）组成一个案卷，放进文件夹，及时归档。

有些行政文秘有一个很不好的工作习惯，只要觉得文档没用了，就立刻将其删除。这样做不仅可能导致重要资料丢失，还可能导致日后做类似工作时没有参考依据。所以，行政文秘经手的文件应留存备份，以防万一。提升自己的能力就像建楼，今天打了地基，明天建半层楼，后天建半层楼，万丈高楼就慢慢地建起来了。如果每次都从头开始建，肯定建不成高楼。

保存会议资料的好处就在于此，把各种文件归类保存，既方便查找，也可以为日后做类似工作提供参考依据。保存会议资料不仅对自己的工作有帮助，对日后培养新的行政文秘也会有很大的帮助。

！ 案例分析

圆圆所在的公司在业内很有名，公司最近要举办一场新品发布会，到时会邀请很多记者到场。圆圆负责协助总经办的同事组织这场新品发布会，具体负责宣传工作。

在新品发布会正式召开的前一周，圆圆找设计部的同事制作了很多宣传素材，如创意海报、邀请函等。前期大家配合得很好，宣传效果很不错，发布会当天现场来了很多记者。但是，当记者们向圆圆要新闻稿、宣传资料、产品信息时，圆圆才意识到自己没准备资料包。这该怎么办？圆圆灵机一动，说："大家不用担心，会后我会统一发给大家。"新品发布会结束后，圆圆赶紧整理手头资料，做出一份资料包发给记者们。这场新品发布会举办得很顺利，同事们都很高兴，圆圆也以为大功告成，就开开心心地下班了。

分析：这场新品发布会是公司的一次大型活动，圆圆作为宣传工作负责人，应该提前为记者们准备新闻稿、宣传资料、产品信息等材料。会议期间，圆圆应及时收集各类信息，保留各种资料。举办一次大型会议，需要考虑的细节非常多。因此，只有把流程标准化，形成固定的操作步骤，才能保证会议效果。

常用清单及模板

常用清单

会议组织清单

常用模板

模板 1：会议通知

模板 2：会后决议执行跟踪及反馈表

模板 3：年度经营计划讨论会通知

模板 4：月述职会通知

模板 5：月例会通知

模板 6：暂停月例会通知

模板 7：关于召开会议的通知

模板 8：会议议程表 1

模板 9：会议议程表 2

模板 10：会场坐席安排表

模板 11：会议签到表

第 6 章
如何快速写作各类公文

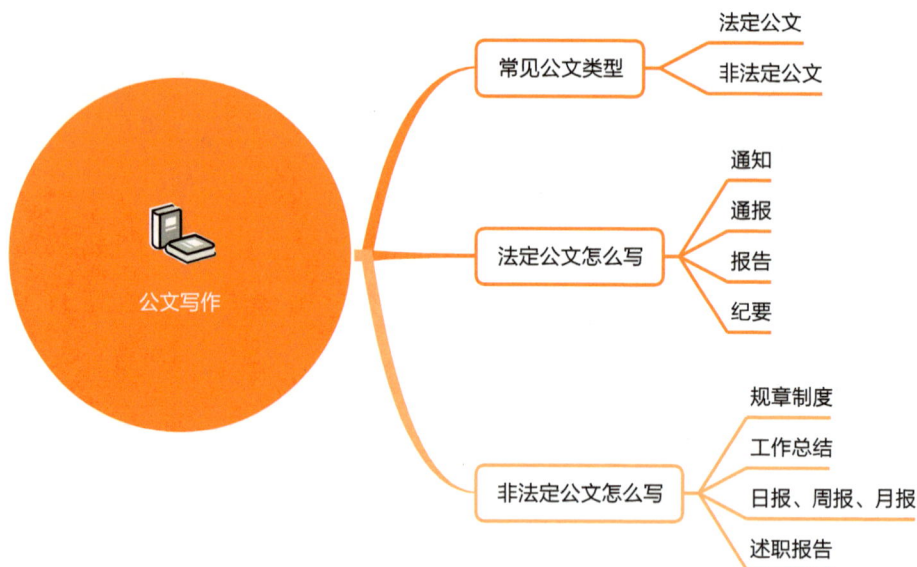

```
                                              ┌─ 法定公文
                            ┌─ 常见公文类型 ──┤
                            │                 └─ 非法定公文
                            │
                            │                 ┌─ 通知
                            │                 │
                            │                 ├─ 通报
            公文写作 ───────┼─ 法定公文怎么写 ┤
                            │                 ├─ 报告
                            │                 │
                            │                 └─ 纪要
                            │
                            │                 ┌─ 规章制度
                            │                 │
                            │                 ├─ 工作总结
                            └─ 非法定公文怎么写┤
                                              ├─ 日报、周报、月报
                                              │
                                              └─ 述职报告
```

一说起公文写作，很多行政文秘就挠头：

"一写通知就头疼！"

"最怕写东西了！"

"每周都要写会议纪要，好痛苦！"

公文写作是非常重要的加分技能，公文写得好的员工在公司更容易受到领导的器重，找工作时也更容易找到理想的工作。所以，行政文秘必须掌握公文写作方法。那么，行政文秘常用的公文有哪些？如何快速提升公文写作能力呢？

6.1　常见公文类型

公文可以分为法定公文和非法定公文。法定公文是指《党政机关公文处理工作条例》（2012 年 4 月 16 日由中共中央办公厅和国务院办公厅联合印发，2012 年 7 月 1 日起施行）中所规定的 15 种正式公文。非法定公文是指事务类、规章类、会议类等 9 类公文。公文类型如表 6-1 所示。

表 6-1　公文类型

公文类型		包含种类
法定公文		决议、决定、命令、公报、公告、通告、意见、通知、通报、报告、请示、批复、议案、函、纪要
非法定公文	事务类	规划、计划、安排、总结、声明、启事、简报、述职报告
	规章类	章程、条例、办法、规定、细则、守则、制度
	会议类	讲话稿、演讲词、开幕词、闭幕词、会议记录、心得体会
	经济类	市场调查报告、商业计划书、可行性分析报告、经济合同、广告文案、招标书、投标书、清算报告、破产申请书
	贸易类	合同意向书、询价函、报价函、订购函、催款函、索赔函、理赔函
	法律类	起诉状、上诉状、申诉状、答辩状、委托书、担保书
	书信类	证明信、介绍信、推荐信、感谢信、公开信、慰问信、表扬信、批评信、倡议书
	条据类	留言条、请假条、借条、收条、欠条、发条、领条
	礼仪类	贺信、贺电、邀请书、颁奖词、欢迎词、欢送词、祝酒词、答谢词

6.2　法定公文怎么写

法定公文的写作有详细的规定，对公文用纸、公文印刷、所含要素等都有明确、细致的要求。初学公文写作的读者如果不知道应该使用哪种字体、字号，可以参考以下标准：

- 《党政机关公文处理工作条例》（中办发〔2012〕14号）；
- 《党政机关公文格式》（GB/T 9704-2012）；
- 《标点符号用法》（GB/ T 15834-2011）；
- 《出版物上数字用法》（GB/ T 15835-2011）；
- 《印刷、书写和绘图纸幅面尺寸》（GB/ T 148-1997）；
- 《校对符号及其用法》（GB/ T 14706-1993）；
- 《国际单位制及其应用》（GB 3100-1993）；
- 《中华人民共和国法定计量单位使用方法》。

因为法定公文都有固定的结构，所以只要公文的结构完整、清晰，这篇公文就算成功了一半。因此，法定公文写作其实并不难，只要掌握各类公文的固定结构，把关键信息填入模板就可以了。当然，相信很多人听过两种不同的说法：一种是"公文写作就是套模板，太简单了"，另一种是"学习公文写作可不是一朝一夕的事，得慢慢积累"。这两种说法哪个对，哪个错？其实，这两种说法都对。在公文写作里，法定公文写作比较简单，只要套用模板，就可以快速写出一篇法定公文。非法定公文的写作就比较难。如果没有一定的文字功底，很难写出一篇高质量的非法定公文。对行政文秘来说，日常工作涉及的主要是法定公文，所以只要能熟练使用各类法定公文模板，就可以轻松完成法定公文写作。

各类法定公文的整体结构大致相同，都由版头、主体、版记和版心外4个部分组成，这4个部分共包含18个元素（见表6-2）。当然，并非每篇公文都包含所有元素，要根据实际情况做灵活调整。法定公文示例如

图 6-1 所示。

表 6-2　法定公文包含的 18 个要素

序号	公文结构	公文要素
1	版头	份号
2		密级和保密期限
3		紧急程度
4		发文机关标志
5		发文字号
6		签发人
7		红色分隔线
8	主体	标题
9		主送机关
10		正文
11		附件说明
12		发文机关署名
13		成文日期
14		印章
15		附注
16	版记	抄送机关
17		印发机关和印发日期
18	版心外	页码

（1）版头。版头部分包括份号、密级和保密期限、紧急程度、发文机关标志、发文字号、签发人和红色分隔线（见表 6-3）。版头一般占首页的 1/3，用一条红色分隔线将其与主体部分隔开。

份号（版心第1行，左上角顶格，三号黑体）

密级★保密期限（第2行，三号黑体）　　　（35毫米）

紧急程度（第3行，三号黑体）

发文机关标志（居中，小标宋体）

（空两行）

发文字号（三号仿宋）

（4毫米）

（空2行）

标题（居中，二号小标宋体）

（空1行）

主送机关：（靠左顶格，三号仿宋）

　　正文（左空2字、三号仿宋）

　　一、一级标题（三号黑体）

　　（一）二级标题（三号楷体）

　　1.三级标题（三号仿宋）

　　（1）四级标题（三号仿宋）

（空1行）

　　附件：（左空2字、三号仿宋）

　　（和印章上边缘距离在1行内）

发文机关署名（三号仿宋）

××××年××月××日（三号仿宋）

　　（附注）（左空2字、三号仿宋）

主送：（左右各空1字、四号仿宋）

抄送：（左右各空1字、四号仿宋）

印发机关：（左空1字、四号仿宋）

　　××××年××月××日印发（右空1字、四号仿宋）

图 6-1　法定公文示例

表 6-3　版头

版头元素	解释	格式（补充）
份号	公文的顺序编号	001 或 000001
密级	公文的秘密等级	包括绝密、机密和秘密
保密期限	保密的时效长短	默认绝密 30 年、机密 20 年、秘密 10 年
紧急程度	对公文送达和办理的时限要求	"特急"或"加急"
发文机关标志	发布公文的机关	多为红字，所以被称为"红头"
发文字号	机关发文的顺序号	结构：发文机关代字 +（年份）+ 发文顺序号
签发人	发文机关主要负责人	格式：签发人 + 全角冒号 + 签发人姓名
红色分隔线	隔开版头和主体	与版心同宽，一般高 0.35 毫米，长 156 毫米

（2）主体。主体部分包括标题、主送机关、正文、附件说明、发文机关署名、成文日期、印章、附注等。

● 标题。标题包含发文机关、事由和文种，主要形式如表 6-4 所示。

表 6-4　标题

序号	标题格式	范例
1	发文机关 + 关于 + 事由 + 文种	《中共中央关于 ×××× 的决定》
2	事由和文种	《关于 ××× 同志任命的通知》
3	发文机关和文种	《中华人民共和国主席令》
4	直接标出文种	《通知》

● 主送机关。除了公开张贴的通报、通告等公文，其他大部分公文都要写主送机关。

● 正文。正文部分最多可以设四级标题，每级标题都有固定的格式和要求（见图 6-2）。

正文（左空2字，三号仿宋）

一、一级标题（三号黑体）

（一）二级标题（三号楷体）

1.三级标题（三号仿宋）

（1）四级标题（三号仿宋）

图6-2　正文标题格式

- 附件说明。根据需要添加附件说明。如果感觉正文内容不够详细，想要进一步说明，可以通过添加附件进行补充说明。附件说明的形式有很多种，既可以是文字，也可以是图、表等，还可以是其他要批转、转发的文件。附件说明左空2字，附件名称后面不加句号，换行后对齐，具体格式如图6-3所示。

附件：×××××××　　　　附件：××××××××××××××××
　　　　　　　　　　　　　　　　　×××××

附件：1.×××××××　　　　附件：1.×××××××××××××××
　　　2.×××××××　　　　　　　×××××
　　　3.×××××××　　　　　　2.×××××××
　　　　　　　　　　　　　　　　3.×××××××

图6-3　附件说明格式

- 发文机关署名。发文机关署名必须为全称或规范化简称。
- 成文日期。大部分公文的成文日期均以领导人的签发日期为准。如果是多个单位联合发布的公文，成文日期就以最后签发机关的领导人签发日期为准。如果是在会议上通过的决定或决议，一般在标题的下面、正文的上面写会议名称和通过日期。

- 印章。大部分公文都需要盖章，只有少部分公文不需要盖章。
- 附注。当需要说明公文传达范围时，就要在成文日期和印章的下一行写附注。附注要用圆括号括起来，如"（此件公开发布）"或"（联系人：张三，电话：010-12345678）"。

（3）版记。版记部分有三条黑色分隔线，第一条分隔线和第三条分隔线与版头部分的红色分隔线等宽等高（高 0.35 毫米，长 156 毫米），除了颜色不一样，其他格式完全一样。其中，抄送机关与印发机关之间用一条黑色分隔线（高 0.25 毫米）隔开。

- 抄送机关。格式为"抄送＋冒号＋各抄送机关"。一般公文会被抄送给多个机关，如果各机关同属一个系统，各机关之间就用顿号隔开；如果各机关属于不同系统，各机关之间就用逗号隔开。
- 印发机关。公文的印制部门，不一定是发文部门。
- 印发日期。办公部门接稿后送往印刷的时间。

以上是法定公文通用的格式要求，工作中应该根据实际情况灵活调整。例如，对事业单位来说，在行文时应严格遵守公文格式。对民营公司来说，效率和内容比格式和形式更重要，因此公文的格式和形式更灵活。公司常用的法定公文有通知、通报、报告、纪要四类。

1. 通知

通知示例如图 6-4 所示。

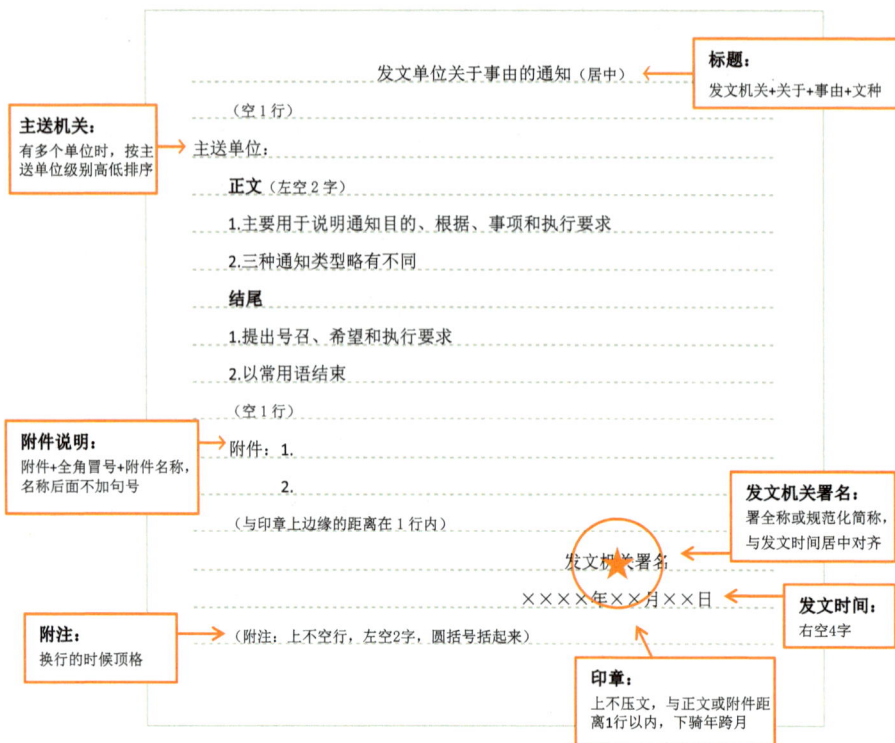

标题：
发文机关+关于+事由+文种

发文单位关于事由的通知（居中）

（空1行）

主送机关：
有多个单位时，按主送单位级别高低排序

主送单位：

正文（左空2字）

1.主要用于说明通知目的、根据、事项和执行要求

2.三种通知类型略有不同

结尾

1.提出号召、希望和执行要求

2.以常用语结束

（空1行）

附件说明：
附件+全角冒号+附件名称，名称后面不加句号

附件：1.

　　　2.

（与印章上边缘的距离在1行内）

发文机关署名：
署全称或规范化简称，与发文时间居中对齐

发文机关署名

××××年××月××日

发文时间：
右空4字

附注：
换行的时候顶格

（附注：上不空行，左空2字，圆括号括起来）

印章：
上不压文，与正文或附件距离1行以内，下骑年跨月

图 6-4　通知示例

2. 通报

通报示例如图 6-5 所示。

标题：
发文机关+关于+事由+文种

×××公司关于年度优秀员工的通报

主送机关：
有多个单位时，
按主送单位级
别高低排序

公司各部门、各子公司：

今年在董事会的正确领导下，在全体员工的共同努力下，公司在科研、生产、营销、服务等领域取得了极其喜人的成绩，刷新了公司销售的历史纪录。在公司取得良好业绩的同时，涌现出了许多务实苦干、爱岗敬业、具有公信度、能起表率作用、具有正能量的优秀员工。

为了树立榜样，表扬先进，弘扬企业文化，增强企业凝聚力，按照公司《员工手册》"员工奖惩"的规定，公司各部门、各子公司从德（职业道德）、能（专业能力）、勤（工作态度）、绩（工作业绩）及团队精神等方面进行了优秀员工的评选。

通过评选，并经过公司总裁办公会研究决定，授予×××、×××、×××等10名员工"年度优秀员工"光荣称号，并予以表彰。

希望全体员工向他们学习，在公司形成人人争当先进、人人争做贡献的良好氛围，为公司的发展贡献自己的力量。

特此通报。

×××公司行政部

××××年××月××日

印章：
上不压文，与正文或附件距离1行以内，下骑年跨月

发文机关署名：
署全称或规范化简称
与发文时间居中对齐

发文时间：
右空4字

图 6-5　通报示例

3. 报告

报告示例如图 6-6 所示。

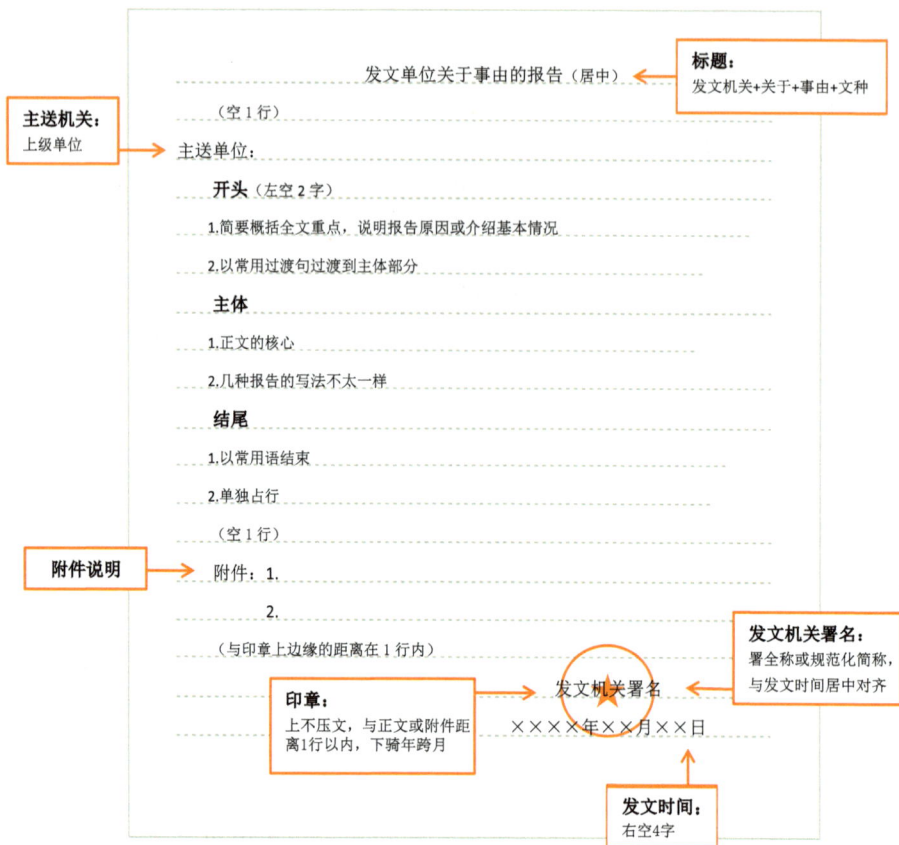

图 6-6　报告示例

4. 纪要

纪要示例如图 6-7 所示。

现在，你是不是觉得法定公文写作很简单？如果领导安排你写法定公文，你可以试着套用模板，直接将关键信息填入模板。

　　　　　　　　　　发文单位关于事由的纪要（居中）　　　◀ **标题：**
　　　　　　　　　　　　　　　　　　　　　　　　　　　　发文单位+关于+事由+文种

（空 1 行）

开头（左空 2 字）

1.介绍会议的基本情况

2.包括会议背景、时间、议程、地点、出席人员、主持人、发言人等

3.用过渡句"现将会议内容纪要如下"过渡到主体

主体

1.记录会议主要内容，包括传达的精神和思想、讨论的问题和结果、决议等

2.有三种常见的写作结构

3.概括式多用于日常例行性会议

4.归纳式多用于较大型的会议

5.发言摘要式常用于研讨会、座谈会等

结尾

1.提出希望、号召或交代会议有关事项，也可以不写结尾

2.发文时间在署名下方，年、月、日要写全，不能简写

（与印章上边缘的距离在 1 行内）

发文机关署名：
署全称或规范化简称，
与发文时间居中对齐

印章：
上不压文，与正文或附件距
离1行以内，下骑年跨月

　　　　　　　　发文机关署名
　　　　　　　　×××年××月××日

发文时间：
右空4字

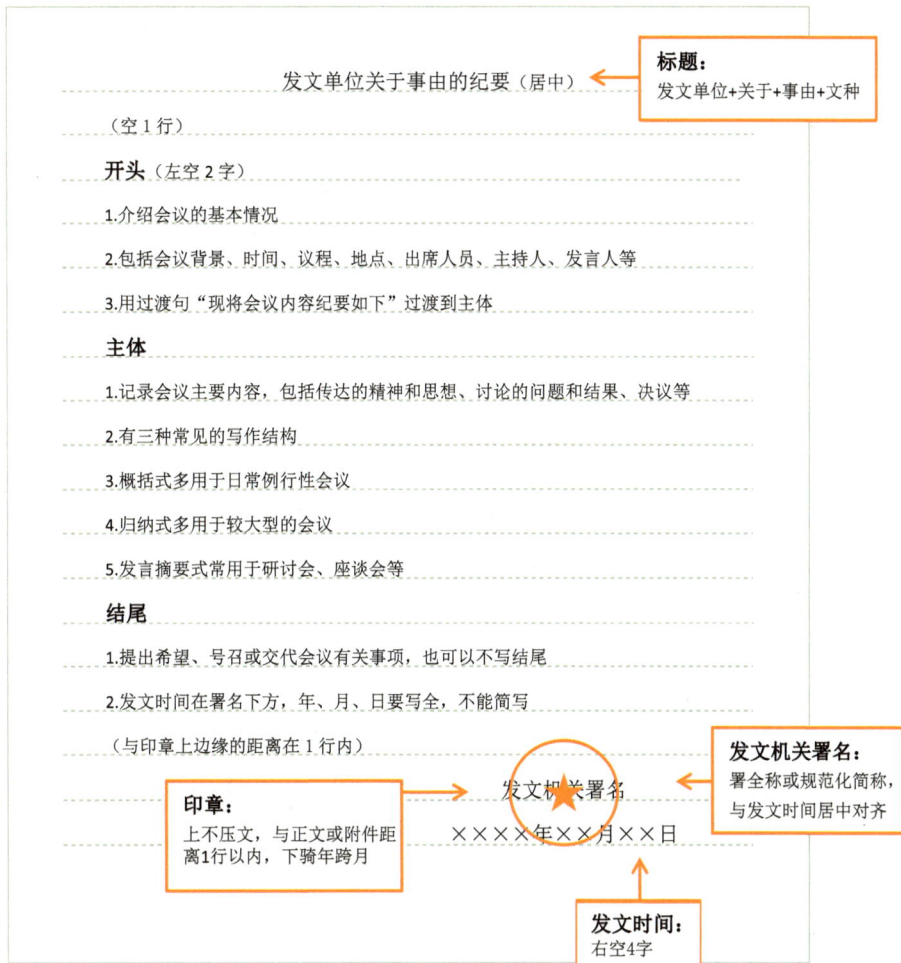

图 6-7　纪要示例

6.3　非法定公文怎么写

　　下面介绍非法定公文写作。非法定公文的种类广泛，有发言稿、演讲稿、领导讲话稿、工作汇报、日报、周报、月报、述职报告、调研报告、

经验分享、管理规定等。这里主要介绍行政文秘常写的几种非法定公文：规章制度、工作总结、日报、周报、月报和述职报告。

1. 规章制度

规章制度分很多种，行政文秘会常写的有制度、规定和守则（见表 6-5）。其中，规定的使用范围最广、使用频率最高。

表 6-5　制度、规定和守则

公文种类	解释	示例
制度	为规范公司管理、管理员工行为、提高效率而提出一系列要求的公文	《人事管理制度》
		《行政管理制度》
		《公司加班制度》
		《国内物资采购供应工作制度》
规定	公司或部门对某一事项做出具体限定的公文	《公文管理规定》
		《印章管理规定》
		《会议组织管理规定》
		《司机管理规定》
守则	向公司员工发布的一种要求员工自觉遵守的约束性公文	《职工宿舍文明守则》

规章制度类文书的两种写作格式如表 6-6 所示。

表 6-6　规章制度类文书的两种写作格式

写作格式	适用场景	分类	格式
章条式	内容比较多，结构相对复杂	分章条	第一章　总则 中间几章　分则 最后一章　附则
条款式	内容比较少，结构比较简单	不分章节，只分条目	第一条 第二条 第三条

（1）制度

制度包括标题和正文两个部分（见图 6-8）。其中，标题既可以为"发文单位 + 事由 + 文种"，也可以为"事由 + 文种"。

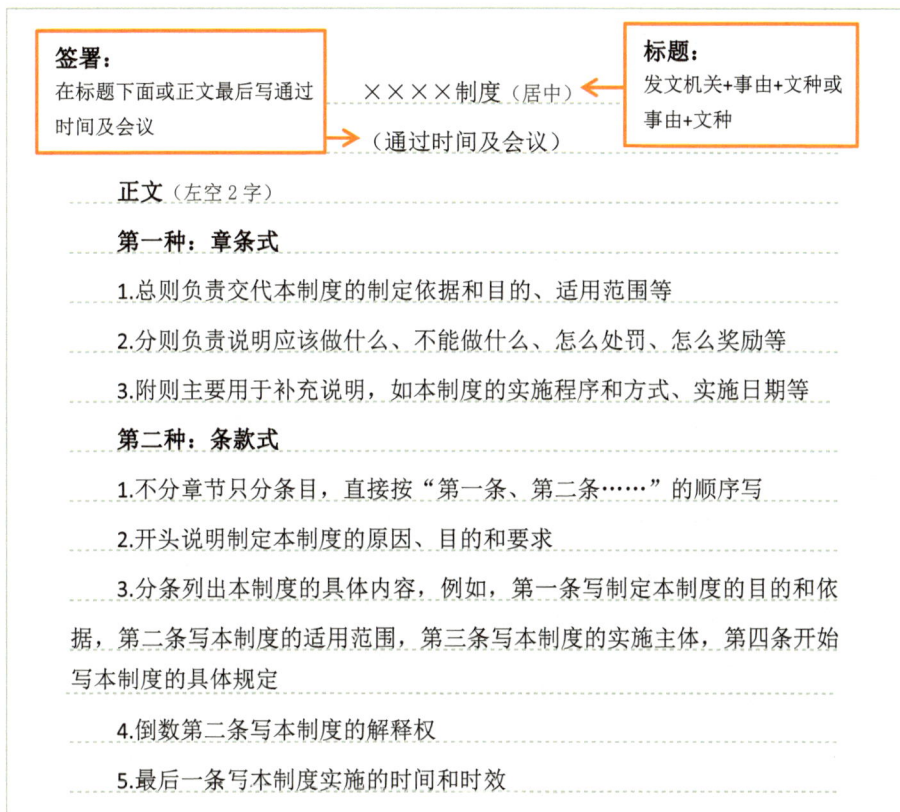

签署：
在标题下面或正文最后写通过时间及会议

××××制度（居中）

（通过时间及会议）

标题：
发文机关+事由+文种或事由+文种

正文（左空 2 字）

第一种：章条式

1.总则负责交代本制度的制定依据和目的、适用范围等

2.分则负责说明应该做什么、不能做什么、怎么处罚、怎么奖励等

3.附则主要用于补充说明，如本制度的实施程序和方式、实施日期等

第二种：条款式

1.不分章节只分条目，直接按"第一条、第二条……"的顺序写

2.开头说明制定本制度的原因、目的和要求

3.分条列出本制度的具体内容，例如，第一条写制定本制度的目的和依据，第二条写本制度的适用范围，第三条写本制度的实施主体，第四条开始写本制度的具体规定

4.倒数第二条写本制度的解释权

5.最后一条写本制度实施的时间和时效

图 6-8　制度示例

如果有必要，可以在标题下方正中的位置写制文部门和日期，加括号注明即可；或者在正文右下角处写制文部门和日期。

（2）规定

规定也包括标题和正文两个部分（见图 6-9）。规定的标题既可以为"发文机关 + 事由 + 文种"，也可以为"事由 + 文种"。与制度一样，规定的正文也有章条式和条款式两种写作格式。其中，章条式包括总则、分则和附则三个部分。

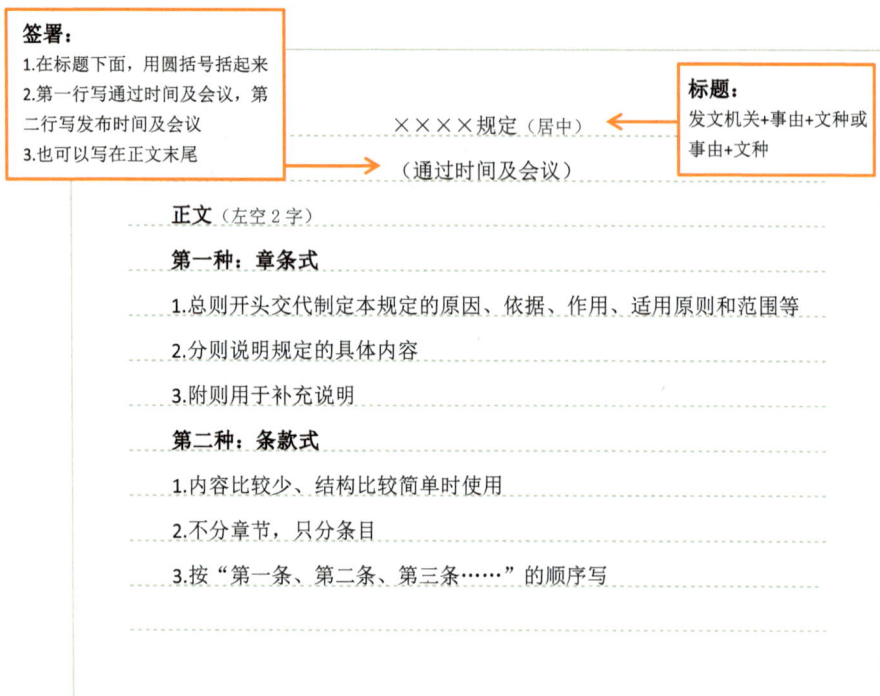

签署：
1.在标题下面，用圆括号括起来
2.第一行写通过时间及会议，第二行写发布时间及会议
3.也可以写在正文末尾

标题：
发文机关+事由+文种或事由+文种

××××规定（居中）

（通过时间及会议）

正文（左空2字）

第一种：章条式

1.总则开头交代制定本规定的原因、依据、作用、适用原则和范围等

2.分则说明规定的具体内容

3.附则用于补充说明

第二种：条款式

1.内容比较少、结构比较简单时使用

2.不分章节，只分条目

3.按"第一条、第二条、第三条……"的顺序写

图 6-9　规定示例

- 总则开头交代制定本规定的原因、依据、作用、意义、适用原则和范围等。例如，《司机管理规定》的开头为"为规范公司司机工作、管理公司用车、规范各部门用车、合理使用公司资源，特制定本规定，请严格遵守"。

- 分则说明本规定的具体内容，包括对操作人、使用人的规定和对事物使用、处置的规定。例如，《公章管理规定》一般包含使用流程、签字流程、每个流程环节的责任人、使用时间、盖章要求等内容。

● 附则用于补充说明。

与制度一样，如果规定的内容比较少、结构比较简单，可以采用条款式写作格式。

（3）守则

守则的标题一般为"适用对象＋文种"，如"安全守则""办公室守则"等，很少出现发文单位（见图 6-10）。

守则的正文既可以采用章条式写作格式，也可以采用条款式写作格式。在现实中，因为守则一般比较简短，所以常采用条款式写作格式。

图 6-10　守则示例

2. 工作总结

工作总结是对以往某项工作或某一阶段工作的回顾和评价，其主要作用是指导日后的工作。工作总结分类如图 6-11 所示。

工作总结

├ 按内容划分 ── 工作总结
│　　　　　　　├ 生产总结
│　　　　　　　├ 学习总结
│　　　　　　　└ 活动总结
│
├ 按范围划分 ── 行业总结
│　　　　　　　├ 公司总结
│　　　　　　　├ 单位总结
│　　　　　　　└ 个人总结
│
└ 按时间划分 ── 年度总结
　　　　　　　　├ 半年总结
　　　　　　　　├ 季度总结
　　　　　　　　└ 月度总结

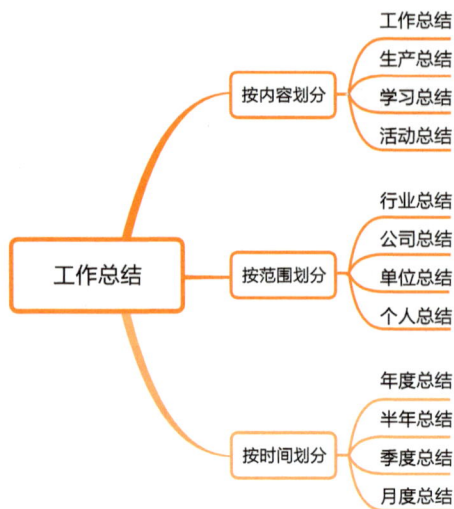

图 6-11　工作总结分类

工作总结示例如图 6-12 所示。

发文机关+时间+内容+文种　←　**标题：**
　　　　　　　　　　　　　　　　有五种形式

（空 1 行）

开头介绍基本情况（左空 2 字）

基本情况（在什么时间段、什么环境下，具体干了什么，怎么干的，结果如何）

主体是文章的重点

1.遇到的问题（遇到了哪些困难，怎么面对和克服困难，采取了哪些措施）

2.成绩和经验（取得了什么成绩，有哪些事实和数据，取得成绩的主观原因和客观原因是什么）

3.问题和教训（有哪些不足之处，导致失误的主观原因和客观原因是什么）

结尾写下一步计划

尚未解决的问题、下一步需要解决的问题

（空 1 行）

　　　　　　　　　　　　　　　　　　　　×××公司

　　　　　　　　　　　　　　　　　　　　××××年××月××日

图 6-12　工作总结示例

标题有五种形式。

- "发文机关 + 时间 + 内容 + 文种"，如"市场部 2022 年员工培训工作总结"。
- "时间 + 内容 + 文种"，如"2022 年员工培训工作总结"。
- "内容 + 文种"，如"员工培训工作总结"。
- "概括内容"，如"提升销售部全员战斗能力是重中之重"。
- "双标题模式"，正标题说明本文主题，副标题说明要写的内容和文种，如"提升销售部全员战斗能力是重中之重——2033 年市场部工作总结"。

正文包括三个部分。

- 开头介绍基本情况（在什么时间段、什么环境下，具体干了什么，怎么干的，结果如何），开头要简明扼要。
- 主体写遇到的问题（遇到了哪些困难，怎么面对和克服困难，采取了哪些措施）、成绩和经验（取得了什么成绩，有哪些事实和数据，取得成绩的主观原因和客观原因是什么）、问题和教训（有哪些不足之处，导致失误的主观原因和客观原因是什么）。主体是文章的重点，内容最多，所以主体的逻辑要严密，层次要清晰。
- 结尾写下一步计划（尚未解决的问题、下一步需要解决的问题）。

最后写单位名称和单位领导人签发日期。

3. 日报、周报、月报

很多公司要求员工写日报，有时还要求员工写周报和月报。行政文秘常常对写日报感到很苦恼。公司让员工写日报，一是希望员工能总结每天的工作，二是希望通过日报检查员工每天的工作内容和工作进度。对公司来说，让员工写日报既可以促进员工成长，也可以对员工进行有效管理。

行政文秘是成本部门，怎么写日报才能体现自身的工作价值呢？有以下几种方法供大家参考。

（1）如果有成果就多说成果，多用图、表和数据。要主动向领导汇报工作成果，如果有数据作为支撑，再辅以图和表，效果就会更好。在写日报时，可以采用"工作＋成绩"的形式展现工作产出和劳动成果。

（2）如果没成果就多描述工作过程，事虽难也要找突破口。因为各项工作都有连贯性和阶段性，所以很多工作都需要持续推进，很难在一天之内完成。在日报中不能总写"某项工作推进中"，可以多描述工作过程。

以销售为例：

- 第 1 天拜访了 20 位潜在客户；
- 第 2 天拜访了 20 位潜在客户；
- 第 3 天回访了 15 位意向客户；
- 第 4 天带 5 位准客户参观工厂、看样品；
- 第 5 天成功与 2 位客户签约，1 位客户希望长期合作。

虽然并不是每天都有成果，但领导通过日报可以了解员工每天的工作内容和工作量，而且可以看到工作正在推进，自然会感到满意。如果遇到棘手问题，需要在一个环节反复尝试并寻找突破口，虽然不一定有工作成果，但可以在日报中体现"事虽难也要找突破口"的态度。

（3）有能力就写业绩，没有能力就表态度。对职场老人来说，工作得心应手，一般不会为写日报发愁。但对职场新人来说，出业绩很难，写日报更难。在这种情况下，适时展现积极主动的态度也是一个不错的选择。

写日报的方法有很多种，日报的形式也有很多种，常见的有 Word 版、Excel 版和平台版。

Word 版日报示例如图 6-13 所示。

部门：市场部

今日工作总结：

1. 跟进×××公司广告，广告条已经重新制作，但是效果不好，需要重新制作；

2. 跟进桌游比赛，对方提出希望得到我们的支持；

3. 徐总布置工作，要求收集所有媒体、户外、车身、DM广告报价，现在已经完成了电视台、DM广告报价的收集；

4. 跟×××公司确认母亲节活动的代金券为20张100元的储值卡；

5. 金币竞拍已经跟上。

明日工作计划：

1. 跟进×××公司广告条的再次修改，由于广告条尺寸变更，必须向×××公司和×××公司解释；

2. 已约定试驾相关事宜，已联系×××；

3. ×××公司活动总结至今未写，明天下班前完成。

图 6-13　Word 版日报示例

Excel 版日报示例如表 6-7 所示。

表 6-7　Excel 版日报示例

日报				
项目组				
报告人		报告时间		
注： 1.市场部业务人员的工作日报表应于每天下班时通过公司邮箱以正式邮件的形式发送至直接上级，直接上级应于次日上午10点前将评审意见反馈给各业务人员 2.市场部将按照以上要求严格执行工作日报制度，若未按时提交工作日报且未提前说明理由，每次从当月工资中扣除10元 3.各市场助理负责工作日报的考核，并于每周五下班前将工作日报考核汇总表提交给副总裁				
今日工作总结				
序号	工作内容及结果 （详述）	计划完成时间	实际完成时间	备注
1				
2				
3				
4				
5				
进度差异说明				
明日工作计划				
序号	工作内容（简述）	计划开始时间	计划完成时间	备注
1				
2				
3				
4				
5				

平台版日报示例如图 6-14 所示。

写日志 　　　　　　　　　　　　　　　　　　　　　　　　　　×

　　＋
　日志

其他

月报	周报	日报	拜访记录	业绩日报
本月工作内容	本周完成工作	今日完成工作	拜访对象	今日营业额
请输入	请输入	请输入	请输入	请输入
本月工作总结	下周工作计划	未完成工作	拜访方式	今日客户数
请输入	请输入	请输入	请输入	请输入
下月工作计划	本周工作总结	高协调工作	主要事宜	月累计营业额
请输入	请输入	请输入	请输入	请输入

图 6-14　平台版日报示例

总的来说，日报就是对当天工作的梳理、总结和思考。一方面，领导检查员工的日报，既可以推动员工思考、复盘，还可以了解员工的工作进度；另一方面，员工通过写日报可以向领导汇报自己在工作中遇到的困难，跟领导争取资源和支持。

4. 述职报告

许多行政文秘因为不会述职而错失晋升机会。那么，行政文秘应该怎么述职呢？在述职前应该想清楚说什么、说多少、怎么说，这样在述职时才能游刃有余。

（1）述职时说什么？说职责、说重点、说方法、说需求。

① 说职责。角色不同，职责自然不同，述职报告的重点也不同。如

果你是公司高层管理人员，述职报告的内容就应该以发展战略为主，如本部门的发展战略、发展规划、下一阶段的工作目标、达成目标的关键策略等。如果你是公司中层管理人员，述职报告的重点应该是具体的工作模块，如怎样管理供应商，如何做好后勤服务，如何打造企业文化，如何营造良好的办公环境等。如果你是普通的行政专员，述职报告的内容应包括履行了哪些职责、如何履行这些职责、取得了哪些成果、下一阶段的工作计划等。

② 说重点。很多行政文秘在写述职报告时把大事小事全写进 PPT 里，虽然内容多，但没有重点，最多让领导觉得他们有"苦劳"。那么，怎么写述职报告才能让领导觉得你既有"苦劳"又有"功劳"呢？以下几种方法可供大家参考。

- 分门别类。例如，初级和中级行政文秘的工作大致可以分为办文、办会、办事三类，只需要把具体工作放到相应类别里即可。
- 用数据展示工作量，如"组织大型活动 2 场、会议 10 场"等。
- 明确工作价值。写清楚自己为公司增加了多少利润、节约了多少成本，或者为公司提质增效做出了哪些贡献。

③ 说方法。不仅要说自己做了哪些工作，还要说自己是怎么做的。不仅要汇报在办文、办会、办事这三个方面做了哪些工作，还要总结方法和流程，例如，之前组织了 10 场周例会，由此制定了公司周例会流程。

④ 说需求。很多人觉得述职时应该说成绩，其实述职时也可以向领导争取资源。说清楚你想要什么资源，例如，需要哪些部门的支持，需要什么程度的支持，获得这些支持后可以取得什么成果，这样更容易获得资源。

（2）述职时说多少？充分展示自己的成绩即可。不要过分谦虚，做出 10 分的成绩就汇报 10 分的成绩。只有让领导和同事都知道你做得有多好，出现晋升机会时，领导才会想到你。

（3）述职时怎么说？大胆说、主动说、说清楚。在公司里，不管基层员工还是中高层管理人员，平时工作都很忙。在职场中，如果你不主动展示自己，领导可能永远也看不到你。

公文到底好不好写，还是要分情况讨论。法定公文相对好写，直接套用模板即可。非法定公文的写作难度虽然大，但也没有难到让人发愁的程度。很多人觉得公文难写，主要是因为学习目标错了。很多人把"写出有文采的文章"作为学习目标，但实际上，只有具备充实的内容才是一篇合格的公文。

最后想和大家说的是，完成公文写作和提升写作能力是两个不同的目标，完成公文写作像快速渡河，而提升写作能力像造一艘渡河的船。时间、精力有限时，不用拘泥于文采是否斐然、结构是否严谨，能够说清楚人、事、时、地，能够记清工作要点就算合格了。写作能力的提升绝非一朝一夕的事情，花费过多的时间在文字润色上，反而会顾此失彼。当然，如果时间和精力允许，行政文秘可以在提升写作能力上多下一些功夫。

案例分析

小赵是某公司的行政文秘。一天下午，总经理告知小赵："通知教研室的老师们明天下午到 303 室开会，研究课改问题。"小赵就在教研室群里发了一则通知。

通知

各位老师：

明天下午召开课改会议，请大家到 303 室参加会议，务必准时，请勿迟到或缺席。

总经办

20××年××月××日

分析：通知是行政文秘常写的一种公文，有固定的模板可以套用。小赵发的这则通知存在一些问题。

（1）若发布的是公司内部通知，标题可以只写文种，但最好还是写得详细一些，如写成"会议通知"或"课改会议通知"。

（2）没有具体的会议时间。会议时间必须写清楚，否则参会人员不知道几点开会。

（3）没有清晰的会议目的。哪门课要改？改什么内容？会议目的不清晰，参会人员就难以做好准备。

（4）没有明确提出参会人员需要做哪些准备。

后三点虽然总经理并未告知小赵，但小赵在起草通知时应该考虑到。

常用清单及模板

常用清单

公文写作清单

常用模板

模板 1：20××年生产部工作总结

模板 2：××政策深入人心——××市20××年××××工作总结

模板 3：Word 版日报

模板 4：Excel 版日报

模板 5：×××总公司关于×××同志职务任免的通知

模板 6：关于采取×××措施的通知

模板 7：关于印发《×××规定》的通知

模板 8：×××银行关于表彰20××年度先进集体、先进工作者的通报

模板 9：×××公司关于对×××处罚的通报

模板 10：×××公司关于×××情况的通报

模板 11：×××公司关于×××工作情况的报告

模板 12：×××公司关于×××有关情况的报告（紧急报告）

模板 13：×××（单位）关于×××有关情况的报告

模板 14：早会会议纪要

模板 15：周例会会议纪要

模板 16：人事管理制度

模板 17：公司加班制度

模板 18：物资采购供应工作制度

模板 19：车辆使用管理规定

模板 20：司机管理规定

模板 21：职工宿舍文明守则

第 7 章

如何管理好文书档案

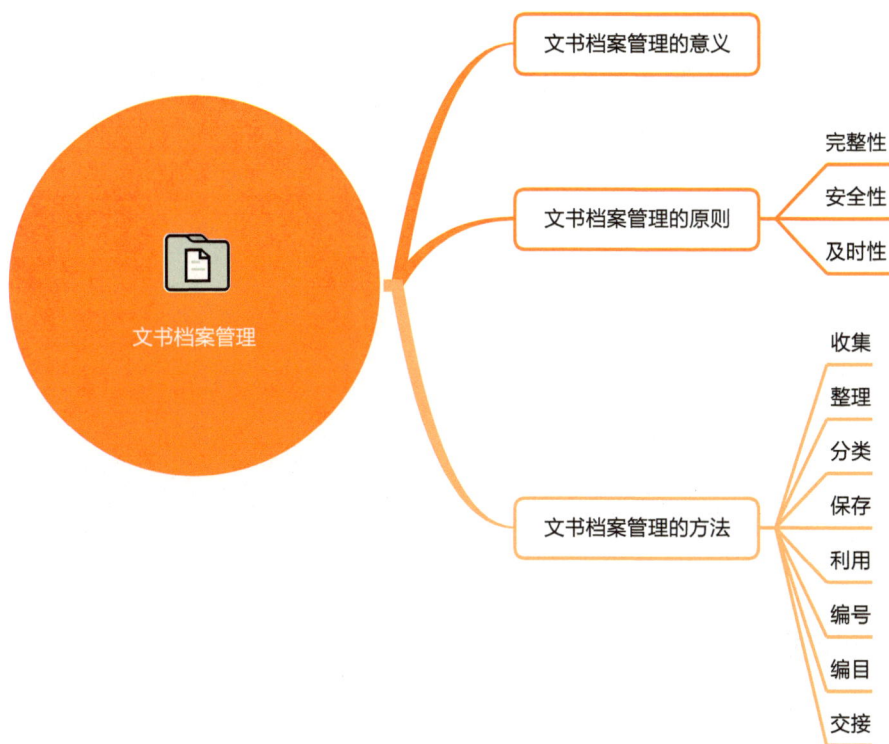

```
                              ┌─────────────────┐
                          ────┤ 文书档案管理的意义 │
                         /     └─────────────────┘
                        /                              完整性
            ┌──────────┐      ┌─────────────────┐  ┌─ 安全性
            │ 文书档案管理 ├──────┤ 文书档案管理的原则 ├──┤  及时性
            └──────────┘      └─────────────────┘  └─
                        \
                         \                            收集
                          \                           整理
                           \                          分类
                            \   ┌─────────────────┐  ┌ 保存
                             ───┤ 文书档案管理的方法 ├──┤ 利用
                                └─────────────────┘  │ 编号
                                                      │ 编目
                                                      └ 交接
```

　　文书档案管理工作虽然不是公司的核心工作，但也是一项不可或缺的基础性工作。大多数公司都设有专门的文书档案管理人员，有的公司还专门设立了档案管理科室。文书档案管理工作是行政文秘的一项重要工作。

7.1　文书档案管理的意义

文书档案是指在工作中产生的，具有保存价值的文字、图片、音频、视频等各种资料。文书档案记录着公司的成长过程，也记录着公司在每个发展阶段遇到的挑战。做好文书档案管理工作有利于公司的发展，公司员工可以在遇到危机时及时调取相关文书档案以维护公司的权益。员工借助文书档案可以充分了解公司的发展历程、各项重要业务，从而更好地规划和展望未来。

7.2　文书档案管理的原则

从事文书档案管理工作，必须坚持完整性、安全性和及时性三个原则。

1. 完整性

完整性就是要让文书档案完整地呈现公司的发展过程，做到纵不断线、横不缺项，不能出现工作断层、内容缺项等问题。例如，公司高度重视安全生产工作，要求工作人员认真落实相关政策和制度。因此，公司建立各种工作台账，坚持做到齐全不漏项，从上级下发文件到物资发放、组织检查等每个环节的资料都要完备。这样做有两个方面的好处：一方面，通过查阅资料可以看到工作中还存在哪些不足，及时整改；另一方面，避免在工作出现问题时，因缺乏文书档案无法证明工作开展情况，受到上级批评。

2. 安全性

安全性就是要做到文书档案真实无篡改、完好无损坏，能反映公司各项工作的真实情况。档案是历史的见证，维护好文书档案、让文书档案不受损坏是非常重要的。

3. 及时性

及时性就是要做到及时整理文书档案。例如，一位同事本来在业务部门工作，领导见他材料写得不错，于是把他调到办公室从事文秘工作，结果工作不到两个月，就接到了迎接检查的通知，集团总部要对公司近 3 年的资料进行全面细致的检查。自检时，他发现很多会议记录、活动资料都不完整。为了做好迎检工作，公司不得不成立专项工作小组，大家分批补写会议记录、完善各项活动资料。经过半个月的共同努力，公司在检查时勉强过关。作为行政文秘，一定要及时整理各类资料，每周进行归纳，每月进行彻底整理，严格按照要求查漏补缺，把功夫用在平时，变被动为主动。

7.3   文书档案管理的方法

文书档案管理的方法大同小异，通常分为收集、整理、分类、保存、利用、编号、编目和交接八个环节。

1. 收集

收集，顾名思义就是把文书档案集中起来，便于保存和日后使用。收集工作理解起来非常简单，但真正做好并不容易。收集是文书档案管理最简单的一个环节，也是文书档案管理最重要的一个环节。简单是因为不用学就能做，重要是因为收集是文书档案管理的起点，没有这一步，后续工作就无法推进。

（1）全面收集

无论作为行政文秘还是作为管理者，都要具备全局思维，能够考虑到方方面面，能够对一件事进行统筹安排，只有这样在执行过程中才不会被突发事件牵着鼻子走。文书档案收集工作也是如此，行政文秘要有全局观，全面细致地做好这项工作。以政府文书档案收集为例，政府文书档案通常涉及党建、宣传、计生、扶贫、业务、管理、专题教育、财务会计、离任审计等方面，只有将文书档案全部收集到位，才有利于推进接下来的各项工作。

企业文书档案通常涉及企业品牌宣传、经营管理、投资运营、市场定位、制度流程、业务合同、里程碑事件等方面。行政文秘要根据所在企业的性质和业务范围灵活收集，总之就一个原则——应有尽有，便于日后使用和日常管理。需要注意的是，文件的正件与附件都要收集，不能只收集正件而不收集附件，齐全完整是收集工作最基本的原则。纸质文件、图纸标书、光盘资料、硬盘资料，只要是在工作中形成的资料，都要高度重视、全面收集。

（2）重点收集

收集工作要有重点，只有抓住重点，才能高效地开展收集工作。需要重点收集的文书档案既可能与重要人员有关，也可能与重要内容有关。

从人员的角度看，凡是涉及重要岗位领导、机要收发人员、各岗位负责人等重要角色的文书档案，都要重点收集；从内容的角度看，凡是涉及企业关键职能、资金批复、人事变动、评功评奖、重大事件、密级较高及凭证作用大的文书档案，都要重点收集。

检验重点文书档案是否收集到位的方法，就是站在领导的角度检查文书档案是否收集到位，尤其是涉及企业核心利益的文书档案是否收集到位。如果标准再高一点，可以请领导给予指导，这样不仅能高标准地完成文书档案的收集工作，还能获得领导面对面指导的机会，重要的是领导可能会因为这件事肯定你的工作能力。

（3）常规收集

常规收集的文书档案主要包括：

- 公司召开的全体党员大会、骨干会议、领导班子会议等重要工作会议形成的会议记录、领导讲话稿等相关文件；

- 公司内部的管理制度、岗位职责、操作流程、重大事项报告等相关文件；

- 学习贯彻党的会议精神、党员志愿服务及年度考核、主要领导述职报告等相关文件；

- 公司员工的晋升、调度、奖励、聘用、职称评定及涉及工资、劳动关系的相关文件。

保留所有资料是不现实的，对于没有价值的资料，应该做适当的处理。

2. 整理

文书档案收集完后，行政文秘要及时进行系统的整理，对相关文件进行查漏补缺，认真做好检查核对工作。

（1）核对整理后的文件与上级下发文件是否一致。要特别注意领导做出重要指示的文件。

（2）核对文件是否最终定稿。有些重要文件往往需要经过领导多次修改，甚至通过专题会议多次研究讨论，最终才能定稿，由主要领导签字，单位盖章后生效。定稿反映了相关人员对工作认可，并承担相应的责任，是日后开展工作的主要依据。

（3）核对本级请求与上级批复是否齐全。如果发现不齐全，要及时向领导汇报，按照相关的工作流程进行完善，使各项工作有文件可依。仅有电话批复或口头批复、尚未形成文件的，最好主动将批复内容准备好，找有关领导盖章签发。

同时，行政文秘还要梳理工作流程、维护办公环境，以提高工作效率。

（1）梳理工作流程。

- 工作内容是什么？
- 工作步骤有哪些？
- 工作重点是什么？
- 哪些工作是经常重复进行的？
- 什么对工作结果有重大影响？

（2）清理与工作无关的物品。检查抽屉里、柜子里、架子上的物品，清理与工作无关的物品。这样，既增加了可利用空间，又节省了找东西的时间。

（3）认真做好物品摆放工作。经常用的物品放在随手可取的位置；经常组合使用的物品，尽量相邻摆放。固定每个物品的摆放位置，用完以后及时复位。

（4）养成定期收拾整理的习惯。最好日清日结，下班后整理办公桌，避免各种资料文件堆积，增加工作负担。

3. 分类

文书档案管理并不是将所有文件整齐地放在一起，而是要进行科学分类，便于日后查阅和使用。

（1）按照发文机关分类

我们可以按照发文机关对文书档案进行分类，例如，组织部文件归为一类，宣传部文件归为一类。以此作为参考，及时将有关材料存放进文件夹和资料柜里。这种分类方式的好处是简单，弊端是其他渠道产生的文书档案可能无法归类。

（2）按照工作内容分类

企业的文书档案一般可以按照人事、行政、业务、管理、财务等几大板块分类，然后根据具体情况进一步细分。

（3）按照文书档案的年限分类

在按照发文机关或工作内容分类的基础上，将文书档案以年为单位统一存放。将本年使用的文书档案暂时存放在办公室的资料柜里，将往年的文书档案按年存放在资料室里。这样做的好处是可以保证同年的文书档案集中存放在一起，弊端是很多文书档案在时间上具有连续性，按年存放不方便查找。例如，旅游部门的 A 级景区创建工作就需要使用连续几年的文书档案，不宜按年存放。

（4）按照专题或主题分类

以 A 级景区创建工作为例，要把与 A 级景区创建工作相关的文书档案归为一类，以便日后查找。采用这种分类方式的弊端是会产生同年文书档案时间断层问题。为了解决这个问题，有的公司对同一工作进行双套资料留存处理，这样做既保证了专题资料的时间连续性，又保证了同年工作资料的齐全性，便于上级检查。

（5）按照文书档案的制成材料和体积分类

多数文书档案是以文件的形式下发的，统一采用 A4 纸，这样可以将其分类后直接放进档案袋或文件盒。但是，在工作中也会有一些不采用 A4 纸的文书档案，如画报、杂志、影视资料等。另外，各公司还有很多工程建设投标书，与图纸一起装订成册，一个工程项目有时候会产生十几本装订好的档案。这时，单纯按内容分类存放就不合适了，公司一般会按照制成材料和体积分类，将装订好的标书类档案统一存放到铁皮柜里，将所有硬盘、U 盘、光盘类资料统一存放到专门的铁皮柜里，并在铁皮柜外面张贴内部存放档案清单。

（6）复式结构分类

文书档案分类是多角度、多层次的系统化工程，没有一种方法能够完全适应所有场景，我们可以采用复式结构对文书档案进行分类。我们可以根据公司需要，对分类方式进行灵活组合，如"机构＋内容""内容＋年限"等。为了方便操作，还可以按照使用频率对文书档案进行分类。对于使用频率较高的档案，可以建立专门的文件夹。

4. 保存

不少公司对文书档案保存不够重视，认为只要文书档案不丢失就行，这些公司没有意识到文书档案管理的意义和价值。

文书档案能够向外界证明公司的行为，因此公司要充分认识文书档案管理工作的重要意义。

（1）建立专门的档案室

档案室的设计可以参考《档案馆建筑设计规范》或网上的其他资料，重点做好防潮、防火、防光照、防水、防尘、防虫咬等工作，尽量避开顶层和地下室，避免因漏水或受潮而使文书档案受损，切实保护好文书档案。

（2）由专人负责管理文书档案

就算有再好的场馆、再好的制度，如果没有专人负责管理文书档案，也无法落实奖惩制度，难以保证相关工作落实到位。因此，要明确由谁负责文书档案管理工作，对于履职不当导致文书档案受损的人，要按照严重程度给予处分，同时还要追究主管领导的责任，切实做到专项工作有人负责，出现问题有人追责。

（3）落实定期清理制度

文书档案管理人员要认真履行自己的职责，定期检查档案室的温度与湿度，根据需要及时开窗通风；定期除尘，保持文书档案清洁；如果发现文件受潮、损坏、字迹淡化等问题，要及时汇报并做出有效处理。

5. 利用

档案得到有效利用是文书档案管理的最终目标。

（1）出具凭证或证明

有些常规化工作比较简单，正常推进即可，但有些复杂任务的时间跨度很长。例如，费某在某市投资了一个项目，项目负责人承诺项目建成后给予费某 20 年的使用权作为投资回报，同时提供免收物业费等优惠政策。后来，项目负责人变更，新负责人想缩短使用权期限，由 20 年变成 10 年。

费某及时拿出合同，说缩短使用权期限可以，但必须按照合同规定予以赔偿。

（2）档案外借服务

上述案例中费某遇到的事情并不少见，这时，如果个人没有保管好资料，就要到其他单位外借使用。文书档案管理人员要严格按照相关流程办理借阅手续，并做好登记。档案借出时间一般不宜过长，文书档案管理人员要根据借阅期限及时催还。

6. 编号

文书档案编号必须遵循唯一原则，一个编号对应一个文书档案。编号要简单，避免因编号过于复杂而引起错误或造成难以识别等问题。

对于以件为单位的文书档案，可以将编号设置为"类别 - 年度 - 档案件号"。例如，2021 年疫情防控工作文书档案的编号可以设置为"疫情 -2021-01"。

对于以卷为单位的文书档案，可以将编号设置为"全宗号 - 分类号 - 年度 - 档案件号"。例如，滦河工程 2022 年第一号文件的编号可以设置为"A001- 滦河 -2022-001"。

大家可以参考档案行业标准《档案编制规则》，根据实际情况设置文书档案编号。

7. 编目

编目可以简单理解为给文书档案编目录，一般按照文书档案的形成时间、重要程度和相关程度进行编目。编目前，要检查文书档案是否有破损、字迹是否清晰，发现问题要及时处理；对大小不一的文书档案进行切边或折叠整理。

8. 交接

文书档案管理人员发生工作调动时，要认真做好离任前的交接工作。交接过程虽然简单，但若交接不到位，则在日后的工作中可能会出现很多麻烦。对于交接工作，文书档案管理人员要注意以下四点。

（1）理解交接工作的重要性

很多人认为交接工作没那么重要，主要原因是没有意识到交接工作的重要性。实际上，在文书档案交接完成后，如果出现问题，同样会追究当事人的责任。

（2）核对交接内容

在交接前，要认真做好准备工作，详细登记文书档案交接登记表，核对交接的主要内容。在交接过程中，要认真检查文书档案与文书档案交接登记表的内容是否一致，原件与复印件是否一致，文书档案是否缺失。同时，各种软件生成的数据也要认真交接，系统使用手册、账号和密码、生成的数据包等要一并交接清楚。

（3）抓好交接工作的重点

交接工作的重点是涉及重大利益的文书档案及日后上级部门可能审查的重要文书档案，如涉及大额采购、工程建设手续、人员选拔晋升的文书档案。行政文秘要对文书档案中的内容进行逐项检查，如发现损坏、纸张变质、字迹不清晰等问题，要写明情况。

（4）确定交接对象

文书档案交接不是单纯的文书档案管理人员交接，要由文书档案管理人员、主管领导、主要领导共同完成。新老文书档案管理人员应认真核对交接内容，在核对过程中交接监督人员必须在场。核对完后，经主管领导和主要领导审核通过后，逐级签字盖章。要安排专人全程做好交接监督工作，不仅要做到账物相符、手续齐全，还要认真填写文书档案交接登记表，明确交接的时间、地点、人员等，切实把工作做细，把责任落实到位。

❗ 案例分析

小陈是某公司的总经理秘书，负责文书档案管理工作，平时工作认真负责，在重要问题上有原则、有立场。他严格落实公司相关制度，公司员工借阅或使用文件时必须填写登记表并由总经理签字确认。

同公司的小丽为了参加竞标，需要借用一份公司的内部文件。晚上 7点，她给小陈打电话，说她要借用文件。小陈第一时间打电话向领导汇报，不料领导电话已经关机。为了不影响小丽的工作，小陈让小丽第二天先去竞标现场，等领导签字后他再派人把文件送到小丽手中。

小丽觉得自己平时和小陈关系不错，但小陈在关键时刻一点面子也不给，十分生气。在公司组织的交流会上，她当众说小陈工作不灵活，把整件事的来龙去脉说得清清楚楚。没想到，这件事不仅没有让小陈受到影响，还让他获得了领导进一步的认可。领导当众表态，不能因为两个人感情好就不遵守公司的各项规章制度，小陈的做法恰恰证明了他有原则、有底线，值得大家学习。

因为小陈工作认真负责，年底总经理推荐他担任分公司的经理，给了他更大的发展空间。

分析：小陈能获得更大的发展空间，除了工作认真负责，还与他在工作中坚持原则和底线有关。假如小陈出于私人交情，在未经领导同意的情况下私自把文件拿给小丽使用，就很有可能被领导认为缺乏原则和底线而错失晋升的机会。

常用清单及模板

常用清单

文书档案管理清单

常用模板

模板 1：文书档案登记表

模板 2：文书档案借阅登记表

模板 3：文书档案交接登记表

第 8 章

证章管理怎样才能做好

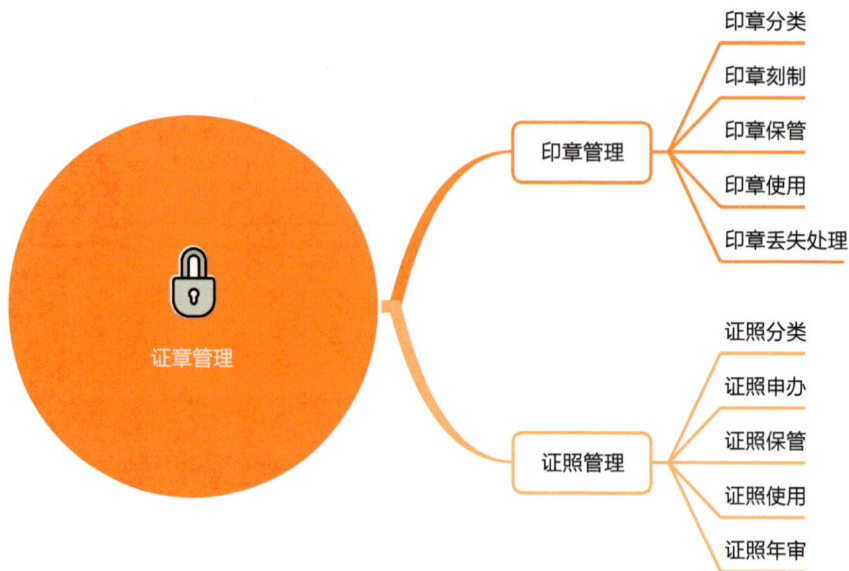

证章管理是行政文秘的重要工作之一，包括印章管理和证照管理两部分。

8.1　印章管理

1. 印章分类

公司印章包括公章、合同专用章、财务专用章、法人章、发票专用章、部门章、进出库专用章、档案专用章、招标专用章、投标专用章等。其中，公章、合同专用章、财务专用章非常重要。

印章的大小、材质、内容等都有统一的规定，必须按规定刻制。刻制印章是一件非常严肃的事，需要公司、办理人提供各类证明材料，所以一定要慎重选择办理人，以免产生不必要的麻烦。

印章的重要性再怎么强调都不为过，公司认章不认人。不管哪位领导点头同意，只要没有最后的签字和盖章，没有哪个部门会配合落实。因此，印章管理干系重大。

每个印章都有其适用范围（见表 8-1），注意区别使用，不要混淆。

表 8-1　不同印章的适用范围

印章种类	说明	适用范围
公章	公司最重要的印章	对外用于签订合同、开具各种证明信，对内用于发文
财务专用章	又叫财务印鉴章，俗称"银行大印鉴"	主要用于公司内外部的现金、银行收付款业务
法人章	法定代表人的个人印章，即常说的法定代表人个人印鉴，俗称"银行小印鉴"	主要用于签订合同、出具票据等
合同专用章	签订合同时须加盖的印章	主要用于签订合同
发票专用章	开具发票时须加盖的印章	用于开具发票，没有发票专用章时可用财务专用章代替
部门章	总经理章、行政章、人事章、业务专用章等	用于公司内部信息传递，特殊情况下可用于外部信息传递
企业自刻印章	档案专用章、进出库专用章、招标专用章、投标专用章	专项专用

2. 印章刻制

一般在公司刚注册时和丢失印章时，才需要刻制印章。

关于刻章，有以下几个注意事项。

- 最好由法定代表人亲自去刻制或安排两人同去。
- 公司须按照规定的流程和权限刻章。
- 印章形状、规格须符合国家规定。
- 印章应选先进、适用的质料和种类。
- 必须到官方认可的刻章机构刻章，对外印章须备案。
- 公司印章刻制及启用审批须谨慎，若无必要，不建议审批。

3. 印章保管

对公司来说，证章保管干系重大。公司需要提前明确印章、营业执照的管理权限和责任人，每个印章都要由专人保管。在实际工作中，很多时候是由专人保管多个印章。不同印章的保管方法如表 8-2 所示。

表 8-2　不同印章的保管方法

印章种类	常见保管方式
公章	由创始人、董事长或总经理等保管
财务专用章	由财务部保管
法人章	由法定代表人保管
合同专用章	由行政部或法务部保管
发票专用章	由财务部负责发票开具业务的人员保管
部门章	由各部门负责人保管，或者由本部门两人（或以上）共同保管

在公司里，实体印章由专人管理、固定存放。实际上，这种印章保管

方法有很多漏洞。例如，如果公司有人蓄意偷用、伪造假章，这种方法就会失灵。2019 年媒体报道了一件事，某公司的员工关某想贷款 20 万元，对方要求必须有人担保才能放贷。关某不想让身边的朋友或亲戚知道自己借贷的事，于是计划偷盖公司印章，让公司给自己担保。公司各类证章由小张负责保管，平时这些证章都锁在保险柜里，只有在用的时候才会拿出来。而且，按照公司规定，印章不得带出公司。但关某和小张关系不错，小张便同意他把印章带出公司，但是要他保证一定尽快归还且不会告诉其他人。关某拿到印章后就在担保材料上盖了章，贷了款。后来关某没能及时还款，借款人就拿着关某的借贷协议和盖着公司公章的担保协议来找公司，要求公司解决问题。这件事给公司造成了非常恶劣的影响，负责保管印章的小张也受到了严厉的处分。

在上述案例中，如果小张能够严格遵守公司的规章制度，就不会给关某留下可乘之机。

所以，在公司印章管理制度中都应该有一项：不得无故将公司印章带出公司，如有特殊情况，必须提前申请。

4. 印章使用

印章第一次启用时，要发印章启用通知。通知中要写清楚启用新印章的日期、印章使用范围和发文部门。而且，第一次启用的印模应用蓝色印油，以示首次使用。

印章的使用应该实行审批制度，简单来说，就是先填写印章使用申请表（见表 8-3），经领导签字后才能盖章。

表 8-3　印章使用申请表

印章使用申请表			
			＿＿年＿月＿日
申请部门		申请人	
申请印章		盖章类型	
用印文件		用印数量	＿式＿份
申请事由			
部门领导意见			
总经办意见			
分管副总意见			
备注： • 用印必填表； • 申请表必须填写完整。			

　　某贸易公司因为印章使用不规范吃了大亏。会计辞职后不久，该公司就收到了一张法院传票。原来，会计离职前曾在一张白纸上盖了该公司公章，后来不小心把这张纸夹在一沓材料里给了一家供货商。不料，供货商用这张盖了该公司公章的纸多打印了一份 20 万元的结算单。等到结款时，该公司才发现不对劲。更没想到的是，这家供货商大概是害怕露出破绽，所以并没有直接找该公司要钱，而是到法院起诉该公司拖欠货款。然后，该公司就收到了法院的传票。但是，因为会计已经离职一段时间了，该公司找不到可以证明这份结算单无效的证据，只好吃了个亏，按照结算单上的金额支付了全部货款。

　　其实，这种事情原本是可以避免的。公司应该制定详细的印章使用规定，规范印章在特殊情况下的使用。

　　例如，有些公司的印章使用规定有如下内容。

● 任何人不得在空白纸、空白合同上盖章。

- 特殊情况下需要在空白纸、空白合同上盖章的，必须经分管领导、财务部、总经理审批签字，盖章后必须上报该空白文件的用途，并提交复印件备案，未使用的盖章空白文件必须收回。

在个人层面，使用印章时一定要遵守公司规定，不要让一时侥幸或疏忽给自己埋下隐患。例如，盖章时，印章保管人要仔细检查印章使用人登记了几份文件。有人给三份文件盖章，却只登记两份文件，一旦后续出现任何问题，印章保管人就要负直接责任。

正因为用印历史很难追溯，印章的使用过程、使用人、使用的文件等也很难控制，所以必须要求所有使用印章的人遵守以下要求。

- 一般情况下，印章不得带走。
- 使用印章时必须做好登记（见表 8-4），记录清楚用章的细节（如使用日期、盖章文件、份数等）。
- 必须由印章保管人盖章。
- 必须明确印章的使用范围，不可混用或乱用。

表 8-4　印章使用登记表

印章使用登记表							
序号	使用日期	盖章用途	文件名称	盖章份数	用章人签字	审批领导签字	备注

纸质台账记录的缺点是容易遗漏信息，而且有信息被涂改的风险，所以有些公司会采用线上提交和审批的方式。如果员工需要用印，就需要先在系统上提交用印申请，通过层层审批后，再找印章保管人盖章。这对印

章保管人又提出了一项新的要求：必须在现场再次审核确认线上文件与线下文件的内容是否一致，只有一致，才能盖章。

5. 印章丢失处理

公司部分印章由行政部统一保管，在收到印章时，就要详细登记印章名称、印章枚数、收到印章的日期、印章启用日期、印章图样、领取人、保管人、批准人等信息。

在保管过程中，一旦出现印章遗失或不明原因的使用痕迹，必须立即保护现场，及时向上级汇报。情节严重的，应由公司报告公安部门，以规避风险。如果印章遗失、被盗甚至被抢，须登报声明该印章失效，再重新刻制一枚。

8.2 证照管理

公司需要办理各种证照来证明自己，例如，用经营类证照证明有经营权限，用资质类证照证明有生产权限，用各种荣誉证书证明自己的实力等。

证照管理比印章管理更加复杂，涉及证照的申办、注册、变更、增项、年检、保管、使用、注销等工作。不同证照的保管部门一般不同（见表8-5）。

表 8-5　不同证照的保管部门

证照种类	保管部门
营业执照、税务登记证、开户许可证等经营类证照	财务部
生产许可证、管理体系认证证书、产品官方检测报告等资质类证照	品控部
会员证、荣誉证书等其他证照	行政部

有的公司实行"统一领导、集中保管、分工办理"的制度，把所有证照集中到综合部门或机要档案室统一保管，由对口部门分别负责对应证照的申办、增项、年审等工作。因此，证照管理的范围和内容要根据公司的性质、规模等确定，并没有一种方法放之四海而皆准，合适的才是最好的。

1. 证照分类

公司证照是政府职能部门、各相关单位或组织核发给公司，以证明公司合法经营、有相关资质、有实力的经营材料。证照主要包括四大类，具体如表 8-6 所示。

表 8-6　证照分类

证照类型	常见证书
经营类	营业执照、组织机构代码证、税务登记证、金融许可证等
资质类	卫生许可证、消防许可证、安全生产许可证、压力容器制造许可证、体系认证证书、特种行业经营许可证等
权证类	土地使用权证、用地规划许可证、建筑工程规划许可证、房屋产权证、有价证券证书等
其他	会员证、理事证、荣誉证书、知识产权证书、发明专利证书等

2. 证照申办

相对来说，证照申办难度不高，只是过程烦琐，必须按照相关单位的要求提交相关材料。证照办理申请表如表 8-7 所示。公司可以根据需要，制定一套标准化证照申请办理流程，实现从证照申办到证照归档整个流程的标准化。

表 8-7 证照办理申请表

证照办理申请表					
证照全称			申请部门		
办理类别	申办（　　）　　延期（　　）　　变更（　　）　　遗失（　　）　　注销（　　）				
有效期			失效期		
申请理由			需要时间		
备注					
部门主管意见					
公司领导意见					
备注					

3. 证照保管

规模大的公司证照较多，可以设专人负责证照保管；规模小的公司业务量较少，常常由行政文秘兼职负责证照保管。行政文秘要及时登记证照台账（见表 8-8），记录证照名称、证照编号、发证机关、发证日期、有效使用期限、年审时间等信息。

表 8-8 证照台账

证照台账									
序号	证照名称	证照编号	发证机关	发证日期	原件数量	登记时间	有效使用期限	年审时间	副本存放地	备注
1									
2									
3									

另外，行政文秘还要负责：

● 保管证照的正本和副本及电子扫描件；

- 证照的查询、借阅、借用等；
- 保管证照复印件和电子扫描件；
- 登记证照复印件和电子扫描件的日常使用记录表；
- 办理或督促证照办理部门及时办理证照的变更、年审、延期等；
- 定期（每季度 / 每年）核对证照份数。

4. 证照使用

和印章一样，证照的使用也要有严格的规范，应该坚持"先申请后领用、一事一借、用毕归还、再用再借、谁用谁借"的原则。如果有人需要使用证照，须先填写证照使用申请表（见表 8-9），提出使用证件原件、复印件或电子扫描件版的申请。

表 8-9　证照使用申请表

证照使用申请表			
			____年__月__日
申请人		申请部门	
申请人岗位		证照类型	• 原件（　　） • 复印件（　　） • 扫描件（　　）
申请用途			
借用起止时间			
部门主管意见			
公司领导意见			
备注			

使用证照时，须遵守以下规定：

- 必须经部门相关负责人和行政部的审批；

- 没有正常手续，概不外借；

- 中途不得转借或截留；

- 不得随意复印公司证照；

- 必须在规定时间内归还证照；

- 如遇特殊情况不能及时归还证照，须申请延期。

行政文秘还要详细登记证照使用登记表（见表8-10），记录清楚使用部门、使用人、用途、证照类型、使用份数、使用日期等信息。

表8-10 证照使用登记表

证照使用登记表											
序号	使用部门	使用人	用途	证照类型				使用份数	使用日期	审核人	备注
				正本	副本	复印件	扫描件				
1											
2											
3											

如果需要把证照带出公司，必须填写证照外借申请表（见表8-11），写清楚借用期限、用途等信息，复印件上要加盖"复印无效"的印章。

表8-11 证照外借申请表

证照外借申请表					
借用部门		借用人		联系电话	
证照全称					
借用期限	___年_月_日_时起至___年_月_日_时止				
用途					
实际归还时间	___年_月_日_时			保管人签字	
部门主管意见					

（续表）

证照外借申请表	
公司领导意见	
备注	

5. 证照年审

证照年审是发证机关对公司的定期审核，主要看公司当前的能力与发证时的能力是否一致。例如，营业执照年审是审核公司是否合法经营，是否具有持续经营的能力。负责证照年审的人应按照相关规定，按时提交相关材料。

另外，证照管理员还要注意以下事项：

- 至少提前半年提醒相关经办人或相关部门证照即将到期；
- 证照需注销时，须填写证照注销申请表（见表 8-12）；
- 注销证照必须按流程审批；
- 需要注销的证照须单独存放。

表 8-12　证照注销申请表

证照注销申请表			
证照全称		申请部门	
注销原因			
申请日期		报废日期	
申请人			
部门主管意见			
公司领导意见			
备注			

证章管理工作十分重要但也比较琐碎，过去主要靠人工，经常会出现各种各样的问题。尤其随着公司规模越来越大，子公司、孙公司越来越多，这些公司及其各部门都会产生用印、用证的需求。印章和证照经常被借来借去，让保管部门的工作难度直线上升。随着技术的进步，现在很多公司开始采用电子印章和证照，通过各种信息技术，如契约锁、指纹密码、证照条形码、RFID标签等，实现高效的证章管理，安全性也得以提高。

虽然行政文秘以后可能不用再手工登记各种台账、表格，但这不代表可以高枕无忧。常变的是管理方法和管理技术，不变的是管理思路和管理逻辑。不管手工作业还是数字化操作，行政文秘都要充分了解证章管理的内容。

案例分析

杨某是一家电梯公司的员工。年初，某小区为了上下楼方便想安装一部电梯，就找到了杨某所在的公司。按照政策要求，加装电梯必须经全体业主的同意，电梯公司获得书面授权后才可以拿到规划许可证。一位业主觉得自己家楼层低，没必要安装电梯，而且安装电梯会影响自家的生活，所以一直不同意安装电梯，杨某也就一直没办好规划许可证。一天，杨某偶然看到刻假章的小广告，就伪造了一枚税务局印章和一枚小区业主委员会印章，把规划许可证申请下来了。于是，公司开始往小区运送各种施工材料，准备开工。那位不同意安装电梯的业主看到后觉得很奇怪，就开始追查。于是，杨某私刻印章的事被发现了。最终，杨某为自己的行为承担了相应的法律责任。

分析：任何人都不能以任何理由伪造印章和证照。因为一位业主不同意，电梯无法安装，杨某不去做业主的工作，却图一时方便，私刻印章，伪造证明。为此，他丢了工作，甚至触犯了法律。证章管理这件事责任重大，干系重大。行政文秘在管理印章和证照时要小心谨慎，不管谁要用、谁要借，都要严格照章办事。

常用清单及模板

常用清单

证章管理清单

常用模板

模板 1：启用新印章的通知

模板 2：印章使用申请表

模板 3：印章使用登记表

模板 4：证照办理申请表

模板 5：证照台账

模板 6：证照使用申请表

模板 7：证照使用登记表

模板 8：证照外借申请表

模板 9：证照注销申请表

第 9 章
如何管理好办公室费用预算

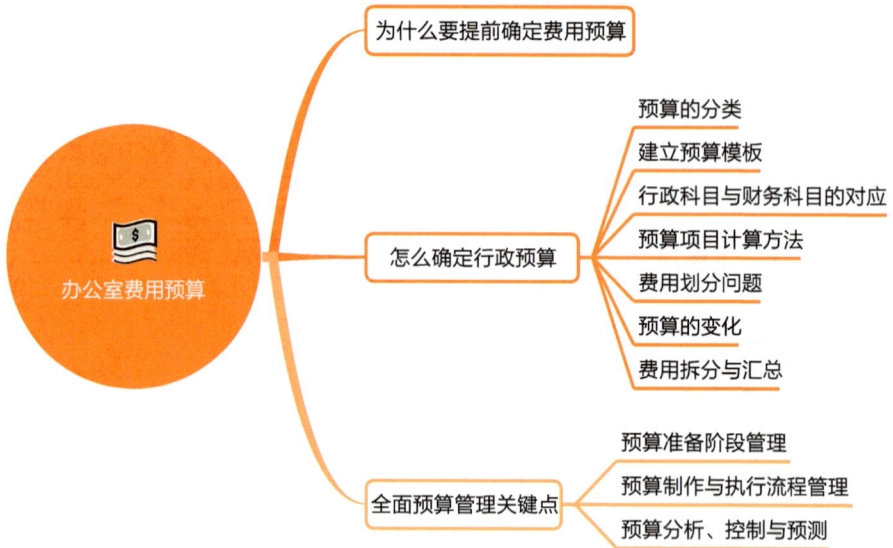

为什么要提前确定费用预算

办公室费用预算

怎么确定行政预算
- 预算的分类
- 建立预算模板
- 行政科目与财务科目的对应
- 预算项目计算方法
- 费用划分问题
- 预算的变化
- 费用拆分与汇总

全面预算管理关键点
- 预算准备阶段管理
- 预算制作与执行流程管理
- 预算分析、控制与预测

9.1　为什么要提前确定费用预算

运营结果最后都会转化成数字，如收入、费用、成本等。这些数字将如实地反映在财务报表上，说明公司历史的或当期的运营情况，如盈利或亏损。

对于未来的发展，公司一般会制定三至五年的战略目标，收入部分主要由业务部门或营收部门负责，根据业务指标衡量收入高低；费用和成本通常由相关部门进行合理化控制。合理化控制就意味着要有一定的标准，这个标准就是预算。

行政部是一家公司的基础支柱部门，支持着公司运转，操办着公司的大事小事，如办公区租赁、安全维护、环境维护、设施设备维护、办公用品供给、各部门协作、会议开展、员工福利发放等。这些工作涉及公司运营管理的方方面面。行政部大的支出项目有很多，如房租、设备采购和维护费等；小的支出项目也不少，如办公用品费、快递费、绿植费、保洁费等，加起来金额也不少。因此，行政部是公司的"花钱大户"，费用控制的重要性不言而喻。

要想做好费用控制，就要提前做好规划，算细账、算清账，把钱花在刀刃上。在控制费用的同时还要提高资金使用效率，展现专业水平，提升领导和员工的满意度。

9.2　怎么确定行政预算

1. 预算的分类

对于不同类别的预算有不同的处理方法。行政预算一般可分为两大类——日常类费用预算和项目类费用预算。日常类费用是指依据现存的合同或在公司正常运营情况下定期发生的日常费用，可以是按年、季、月发生的费用，甚至按天发生的费用，如租金、保洁服务费、办公用品费、快递费等。项目类费用是指项目或大型活动产生的费用。对于这类费用，行政部需要提前规划其发生的时间及具体金额，还要进一步细化各项费用。例如，公

司要举办年会，就要确定举办年会的时间是在年初还是在年末；还要确定
举办线上年会还是线下年会，如果是线下年会，费用还可以细化为场地租赁
费、舞台搭建费、食品和酒水费、年会奖品费等。这些具体费用被拆分成明
细费用并汇总后，记入预算表中。

预算还可以按财务口径分为费用和成本两大类。费用和成本需要区分
开，分别建立两个不同的预算模板。在做预算前，要先与公司的财务部沟
通，确认哪些支出属于费用，哪些支出属于成本，按照什么样的标准执
行，按照多长的年限进行摊销等细节问题。

预算既可以自上而下安排，也可以自下而上安排。一般来讲，预算是
自下而上安排的。预算制作部门根据业务实际需要计划费用支出，制作预
算表并将其上交给公司。预算也可以自上而下安排，即财务部整合各部门
预算并将其与公司整体目标对比，然后要求各部门对本部门预算进行再调
整。例如，行政部上报总预算为 100 万元，但公司最终确定行政部总预算
为 80 万元，之后行政部需要按总额 80 万元对各预算项目进行调整，以降
低整体预算。

2. 建立预算模板

了解了预算分类后，就可以制定预算了。制定预算的第一步是建立预
算模板。一般需要建立两个不同的预算模板，一个是费用类预算模板，另
一个是成本类预算模板。预算模板的基本构成是时间和科目明细，横轴为
时间，纵轴为科目明细，一般以月为单位。对于费用类科目，可以先详细
列出日常项目，注意不要漏项，然后进行分类、汇总。成本类科目一般为
支出金额较大的办公设备、装修施工、家具等成本。

表 9-1 和表 9-2 是基础行政科目的费用预算表和成本预算表。

表 9-1　基础行政科目的费用预算表

行政科目	费用分类	费用明细
物业费用	房租	办公室、库房、机房租金等
	物业费	办公室物业费等
	水电费	水费、电费、供暖费、机房冷水费等
电信费用	宽带费	办公室宽带费
	电话费	办公室电话费
办公费用	维修维护费用	房屋、家具、设备维修维护费用
	办公用品、耗材	文具、纸张、墨粉、员工卡、名片等费用
	办公小家电	咖啡机、饮水机等费用
	租赁费	打印机、饮水机等租赁费
	保洁费	日常保洁及定期保洁费用
	绿植及日常维护	绿植租赁及采买费用
	快递费	快递、邮政、闪送等费用
	饮用水	办公室日常饮用水费
	消防年检	消防年检、灭火器等费用
	保险	财产险、第三方责任险等费用
招待费用	客户会议茶饮	客户招待餐饮费
员工福利	茶饮茶歇	茶包、咖啡、零食等费用
	节日活动	场地、活动、食品、道具等费用
会议费用	年度、月度、季度会议	场地费、搭建费、活动费、餐饮费等
交通费用	租车费	班车及司机费用等

表 9-2　基础行政科目的成本预算表

行政科目	明细
家具及办公设备	办公家具、空调设备、消防设备、门禁设备等费用
装修费用	设计费、装修费等
IT 设备	办公计算机、服务器、网络设备、打印机等费用

3. 行政科目与财务科目的对应

通常，财务部会提供一份公司内部统一的预算模板，以便后期汇总各部门预算。财务部提供的预算模板中的科目一般是财务科目，行政文秘需要将行政科目与财务科目一一对应起来。这里的对应关系没有统一标准，每家公司的工作内容和性质不一样，财务要求可能也不一样。如果行政文秘不确定某些科目之间的对应关系，可以先与财务部沟通，以免返工。

行政科目比较好理解，如房屋租金、物业费、水电费、宽带费等。财务科目复杂一些，如第三方服务费、动能费、综合管理费等。每家公司的财务科目和行政科目的名称及对应关系不尽相同，例如，按某公司财务部的要求，房租、租车费属于租赁费，物业费属于第三方服务费，水费、电费属于动能费，员工福利费和年会费用属于其他费用。行政文秘只要将本部门的费用科目设立得尽可能全面，然后在填表前与财务部充分沟通，按照预算模板进行分类、汇总即可。财务科目与行政科目的对比如表 9-3 所示。

表 9-3 财务科目与行政科目的对比

财务科目	行政科目
租赁费	房租
	租车费
第三方服务费	物业费
	保洁费
动能费	水费、电费
综合管理费	办公用品费、耗材费
	宽带费
	电话费
	快递费

（续表）

财务科目	行政科目
交际应酬费	客户会议茶饮费用
维护与修理费	日常维修维护费用
其他费用	绿植及日常维护费用
	饮用水费用
	消防年检费用
	茶饮茶歇费用
	地区年会费用

4. 预算项目计算方法

各类行政科目的计算有一定的方法，行政文秘可以利用以下方法进行基础测算。

（1）房租、物业费、水电费等，主要以办公区面积为基础，结合历史数据和市场价格进行测算。例如，办公区面积为 1 000 平方米，现房租单价为每个月 300 元 / 平方米，那么一个月的房租为 30 万元。若办公区租约将于 6 月到期，则 1~6 月的预算按实际合同金额填写，6 月以后房租预算结合市场价格的变动填写。若预测房租增长 3%，则 6 月以后房租预算为 309 000 元 / 月。

（2）绿植、保洁、保安等费用，主要以办公区面积为基础，结合办公区实际物业状况和市场服务价格进行测算。例如，保安费用根据办公区面积、办公区出入口数量、值班时长等因素，参考市场价格进行测算。

（3）办公用品、茶水茶歇等消耗类费用，主要以人数为基础，结合市场价格及公司业务和福利待遇水准进行测算。

（4）宽带费、电话费、租车费、快递费等，主要以业务需求量为基础，结合市场产品价格进行测算。例如，计算租车费时可以根据目的地测算每月大致用车公里数，再乘以每公里租车费用，就能得出预算。

（5）会议费、活动费等，主要以策划内容为基础，结合市场产品和服务进行测算。

值得注意的是，如果签订了合同，就可以按合同金额确定预算。

5. 费用划分问题

在做预算前要明确费用归属，避免部门之间因职责不清而无法划分费用，或者造成预算项目遗漏或重复。例如，公司的电话费和宽带费是行政部的费用还是信息技术部的费用？公司外租库房的费用是行政部的费用还是实际使用部门的费用？人力资源部和行政部共同举办员工福利活动，这两个部门如何划分费用？这些问题都要搞清楚。

6. 预算的变化

年度预算一般要计划公司未来 12 个月的费用支出，所以必须考虑这些费用可能发生的变化。即使是每月都发生的日常费用，其一整年的预算额也可能会发生变化。行政文秘可以从以下几个方面考虑预算的变化。

（1）季节性的变化。夏季时公司会长时间使用空调等设备，电费会有较大幅度的上升。

（2）人员数量的变化。预计在某个时间段发生的大规模人员增减会使办公用品费、福利费、班车费用等项目增减。

（3）办公场所面积增减，相应的房租、物业费及其他相关费用也会增减。

（4）合同的续约或终止。行政文秘要时刻关注产品或服务市场价格的走势。如果某产品或服务的市场价格走高，可能就需要在预算中上调合同的续约价格。如果某合同到期后终止，那么预算金额在合同到期后也要做相应的调减。

（5）项目的增减。例如，公司计划在5月进行大规模的外窗及地毯清洗，在7月举办管理层大会，涉及这些活动的费用都要按时间计入预算。

7. 费用拆分与汇总

在做预算时，行政文秘要尽量将费用项目列清楚，先将大框架搭好，然后再从不同维度对费用项目进行拆分，直到足够清晰；再填制费用细节，最后汇总费用得出总预算。

如果公司有多个办公场所，建议把每个办公场所作为一个单元做独立的费用预算表（见表9-4），但模板要统一，统一的模板便于快捷地汇总所有预算。如果有些办公场所不发生某些费用，那么该部分费用可留白。

表9-4 多办公场所费用预算表

行政科目	费用分类	费用明细	1月	2月	3月
物业费用	房租	办公室、库房、机房租金等			
	物业费	办公室物业费等			
	水电费	水费、电费、供暖费、机房冷水费等			
电信费用	宽带费	办公室宽带费			
	电话费	办公室电话费			
办公费用	维修维护费用	房屋、家具、设备维修维护费用			
	办公用品、耗材	文具、纸张、墨粉、员工卡、名片等费用			
	办公小家电	咖啡机、饮水机等费用			
	租赁费	打印机、饮水机等租赁费用			

（续表）

行政科目	费用分类	费用明细	1月	2月	3月
办公费用	保洁费	日常保洁及定期保洁费用			
	绿植及日常维护	绿植租赁及采买费用			
	快递费	快递、邮政、闪送等费用			
	饮用水费用	办公室日常饮用水费用			
	消防年检费用	消防年检、灭火器等费用			
	保险费	财产险、第三方责任险等费用			
招待费用	客户会议茶饮费用	客户招待餐饮费用			
员工福利	茶饮茶歇费用	茶包、咖啡、零食等费用			
	节日活动费用	场地、活动、食品、道具等费用			
会议费用	年度、月度、季度会议费用	场地费、搭建费、活动费、餐饮费等			
交通费用	租车费	班车及司机费用等			

9.3 全面预算管理关键点

全面预算管理是指对预算的全流程进行全方位管理，包括预算准备阶段管理、预算制作与执行流程管理，以及预算分析、控制与预测。

1. 预算准备阶段管理

（1）将工作计划落地

预算的本质，就是细分未来的工作计划，然后为每一个细分项贴上"价格标签"。也就是说，开展预算准备工作的前提是行政文秘已经做好了全面的未来工作计划，并将这些工作计划层层拆解。

（2）预算准备工作

① 了解历史数据。整理往年的行政部台账，了解过往成本和费用的金额、性质、时间、标准等，这样做有助于避免遗漏项目。重点参考过往的费用标准，避免新预算有较大的偏差。对于往年的数据，不仅要参考行政部的台账，还要与财务部进行核对，确保历史数据的正确性和全面性。此外，还要梳理行政部未执行完毕的合同，了解还有哪些未执行的付款项目。假设行政部在 2021 年 11 月签订了一份空调维修合同，合同规定在维修完成 3 个月后支付 5% 的尾款，那么行政文秘要将这项费用计入 2022 年 2 月的预算。

② 了解未来市场变化趋势。尽可能多了解行政类各项产品和服务的市场变化趋势及其价格走势。例如，门禁安保系统的识别方式从原来的刷卡、指纹识别发展为面部识别；访客签到系统支持无人接待，甚至可以取代前台岗。那么，依据公司的发展需要，是否需要引入这些"新科技"，对系统进行升级替换呢？如果需要进行升级替换，成本是多少呢？再举个例子，办公室租期快到了，根据当地办公室租赁市场价格走势，续租价格会上升还是下降呢？价格的浮动范围有多大呢？这些变化都要反映在预算中。

③ 全盘协作确定预算。做行政预算，不仅要了解行政部，还要深入了解公司整体发展战略及业务发展方向，例如，公司未来发展是如何规划的，公司资金是否充盈，公司未来一年的业务基调是冲刺发展、平稳过渡还是适当缩减。行政文秘要思考哪些信息与行政工作相关，可能会影响行政预算。例如，增加人员可能需要扩大办公区面积，减少人员可能需要缩小办公区面积。行政文秘要向公司管理层、财务部、人力资源部等提前了解这些信息。

行政部的职能是支持和服务其他各部门，所以行政文秘要与各部门沟通以了解其未来的工作计划，了解哪些工作计划涉及自己，是否需要增加行政预算来支持各部门的工作。例如，信息技术部想在办公区增加机柜，需要行政部协助对现有机房进行改造，此时行政部除了要提供人力支持，还要在预算中增加相应的装修费和维修费。又如，市场部将在下一年策划多场大型市场宣传活动，需要给大批潜在客户寄送宣传资料，可能导致快递费大幅增加，此时行政部需要在预算上做相应的上浮调整。

2. 预算制作与执行流程管理

（1）预算制作的关键控制环节

对于往年数据，不仅要看某个科目的全年支出总金额，还要计算和分析单位价格。例如，对于办公区，可以按办公区面积和员工人数计算出单位用电量。这样在做预算时，就可以根据办公区面积或人数的增减进行预估和调整。

做预算时不仅要预估金额，还要预估耗费的时间，尤其是支出金额较大的事项，因为这涉及公司对资金的统筹调拨（现金流）及对公司未来业绩的影响（预期损益）。以大型设备的购进、装修改造项目为例，如果项目执行安排在下一年的 5 月，但是预算放到下一年的 7 月，那么到下一年的 5 月很可能会出现支出遇阻的问题。

预算要尽可能全面，否则会造成许多不必要的麻烦。在做预算前，要把来年的工作计划做细致。如果有些事项存在不确定性，建议先将其列入预算，由领导做决定。此外，在做预算时，可以适当将预算上调，预算充足总好过预算紧张。一般情况下，各部门上交预算后，公司会要求各部门做调整，预算调整可能会经历几个回合。在大多数情况下，公司会在汇总各部门预算后根据预期目标要求各部门按一定比例下调预算，以控制费用支出。

（2）预算的执行控制

预算制定好后，要严格按照预算执行采购计划，准确登记行政部日常台账，对预算进行监控。预算要参照两个标准执行，一是事项本身要在预算规划内，二是支出金额要在预算范围内。

例如，有些公司的财务系统比较完善，在员工执行采购时，系统会在审批流程中询问采购事项及采购金额是否符合预算，以确保各项工作在预算的指挥下进行。如果系统没有此类功能，财务部要在次月结账后与各部门核对预算执行情况。

并非所有事项都在意料之中，总会有出乎意料的事项。预算外支出可分为两种情况：一是该事项不在原定的工作计划中，也许是依据新的业务发展需求而产生的；二是实际支出金额超出预期。在这两种情况下都需要进行预算外申请。在此之前要先检查费用的实际情况，确认该项支出金额是否超过现有总预算。一般而言，公司会设定一个预算范围，如果支出金额未超过原预算的一定比例，就可以通过审批；如果超过一定限额，就要走特殊申请流程。

3. 预算分析、控制与预测

（1）预算费用分析

制定预算是为了帮助公司统筹规划未来资金的使用，合理控制费用支出，以实现公司整体的利润目标。将公司费用支出控制在预算范围内是排在第一位的财务目标和工作任务。所以，在预算执行过程中，要对预算进行严格、及时的监控，了解预算实际执行情况及效能。要想了解预算执行情况，就要对实际支出和预算进行分析，判断费用使用效能，使之有效指导将来的支出，以更好地控制费用。行政文秘可以采用以下方法对费用和预算进行更加细致的量化对比分析。

① 实际与预算的对比。将某年上半年的实际费用支出与预算进行对比，即可掌握费用的实际支出情况。如果未超出预算，那么节省的部分是否可以用于下半年，使下半年的预算更充足？如果超出预算，那么应该如何调整下半年的工作计划，确保全年总支出控制在预算范围内？

不要只看部门支出总金额是否在预算范围内，还要仔细分析每个科目的实际增减情况，如超出预算的金额及百分比是多少，然后深挖超出预算的原因，如员工人数比原计划多、额外增加了工作项目或市场价格超出预期等。只有找到这些问题的原因，才能控制好下半年的费用。

② 实际与历史费用的对比。行政文秘可以将当年某月、某季度的费用与去年同月、同季度的费用进行比较，做同比分析；或者对每月费用的增减幅度进行对比分析，得出环比数据。

借助各种分析方法，行政文秘不仅能看到数值增减变化情况，还能了解费用的实际效能，进而分析出原因，避免同样的问题再次发生。例如，某年上半年办公用品实际支出虽然控制在预算范围内，但是人均金额比去年同期高，这时就需要找出背后的原因：也许是因为办公用品领用没有控制好造成办公用品被大量浪费，也许是因为办公用品价格提高了，也许是因为业务量上升引起办公用品需求增加。只有找出原因，才能有针对性地进行改进。

（2）费用、成本控制点

如果想进一步降低支出，还需要掌握一套方法论。在现有基本情况不变的情况下，要了解预算中哪些是固定费用、固定成本，哪些是可变动费用、可变动成本。固定费用、固定成本即代表需求是固定不变的，除非有特殊情况，预算金额很难在年度预算中改变，如办公区租金和物业费。可变动费用对应的项目一般是消耗类项目，可以通过控制使用量、更换供应商等方式减少支出，例如，倡导办公区节约水电及办公用品，缩减福利支出，优化保安、保洁和绿植的配置，将线下会议改为线上会议等。

（3）滚动预测

在做预算分析时，公司可能会要求行政文秘做滚动预测。滚动预测就是"实际发生＋未来预测"。假设现在是 7 月，将 1~6 月的实际数据作为基础，结合原先 7~12 月的预算及对 7~12 月工作计划的调整，即可做出新的 7~12 月的滚动预算，这就是滚动预测。以此类推，在 10 月底将 1~10 月的实际数据作为基础，再对 11~12 月的预算做出预测，即可做出新的滚动预算。做滚动预测能够更好地动态监测公司全年费用支出情况，防止预算超支对公司现金流及财务报表造成影响。

费用预测表如表 9-5 所示。

表 9-5　费用预测表

行政科目	费用分类	实际						预测					
		1月	2月	3月	4月	5月	6月	7月	8月	9月	10月	11月	12月
物业费用	房租												
	物业费												
	水电费												
电信费用	宽带费												
	电话费												
办公费用	维修维护费用				使用实际数据					使用预算调整后的预测数据			
	办公用品、耗材费用												
	办公小家电费用												
	租赁费												
	保洁费用												
	绿植、日常维护费用												
	快递费												
	饮用水费用												
	消防年检费用												
	保险费用												
招待费用	客户会议茶饮费用												
员工福利	茶饮茶歇费用												
会议费用	节日活动费用												
	年度、季度、月度会议费用												
交通费用	租车费												

案例分析

某公司现有 250 名员工，办公区面积为 2 000 平方米，每月租金单价为 300 元 / 平方米，每月物业费单价为 30 元 / 平方米。为开拓新业务，公司计划明年增加 100 名员工，因此需要租用新的办公区。那么，行政部的媛媛应该如何做下一年的物业相关预算呢？

首先，媛媛要向公司管理层及 HR 确认 100 名新员工的预计到岗时间。HR 说新员工预计于明年 8 月到岗。公司希望在现有办公区周边寻找新办公区，所以新办公区的租金和物业费单价应该与现有办公区差不多，但考虑到租金呈上升趋势，预计租金会上涨 5% 左右，预计每月物业费单价为 35 元 / 平方米。现有办公区面积为 2 000 平方米，容纳了 250 名员工，人均面积为 8 平方米。新办公区需要容纳 100 名员工，预估面积为 800 平方米。媛媛又考虑到可能无法找到完美匹配面积需求的办公区，所以从预算的角度出发，新办公区面积按 1 000 平方米进行预估。依据数据测算，媛媛在预算表上从明年 8 月起每月新增办公区租金 31.5 万元，物业费 3.5 万元。

分析： 媛媛首先向公司管理层及 HR 确认新员工的到岗时间，这是非常值得肯定的。此外，她对租金和物业费的预估也是值得肯定的，因为她考虑到了租金和物业费的上涨行情，以及租赁面积扩大的可能性。但是，媛媛也有考虑不周的地方。新员工预计到岗时间为明年 8 月，但在实际工作中要考虑到前期选择物业的时间，以及装修、家具和设备到货、保洁等情况，所以起租时间至少要提早 1 个月。当然，在签订租约时，要尽量争取更长的免租期。但从预算的角度出发，预算要从明年 7 月起调整。此外，在做预算时要充分考虑办公入驻前的准备工作，如保洁、空气净化、绿植美化等，相关费用也要纳入预算。

　　除了上述费用，还要考虑装修相关费用，这是一笔较大的支出。若硬装单价是 1 500 元 / 平方米，则硬装总预算为 150 万元；若家具单价是 2 000 元 / 工位，则家具总预算为 20 万元。这些费用都要单独做预算，考虑到装修时间，相关预算应记在明年 5 月，并且要进行摊销。

常用清单及模板

常用清单

　　办公室费用预算清单

常用模板

　　模板 1：费用预算科目

　　模板 2：成本预算科目

　　模板 3：财务科目与行政科目对应表

　　模板 4：费用预算模板 1

　　模板 5：费用预测模板 2

第 10 章
看得见的办公大环境

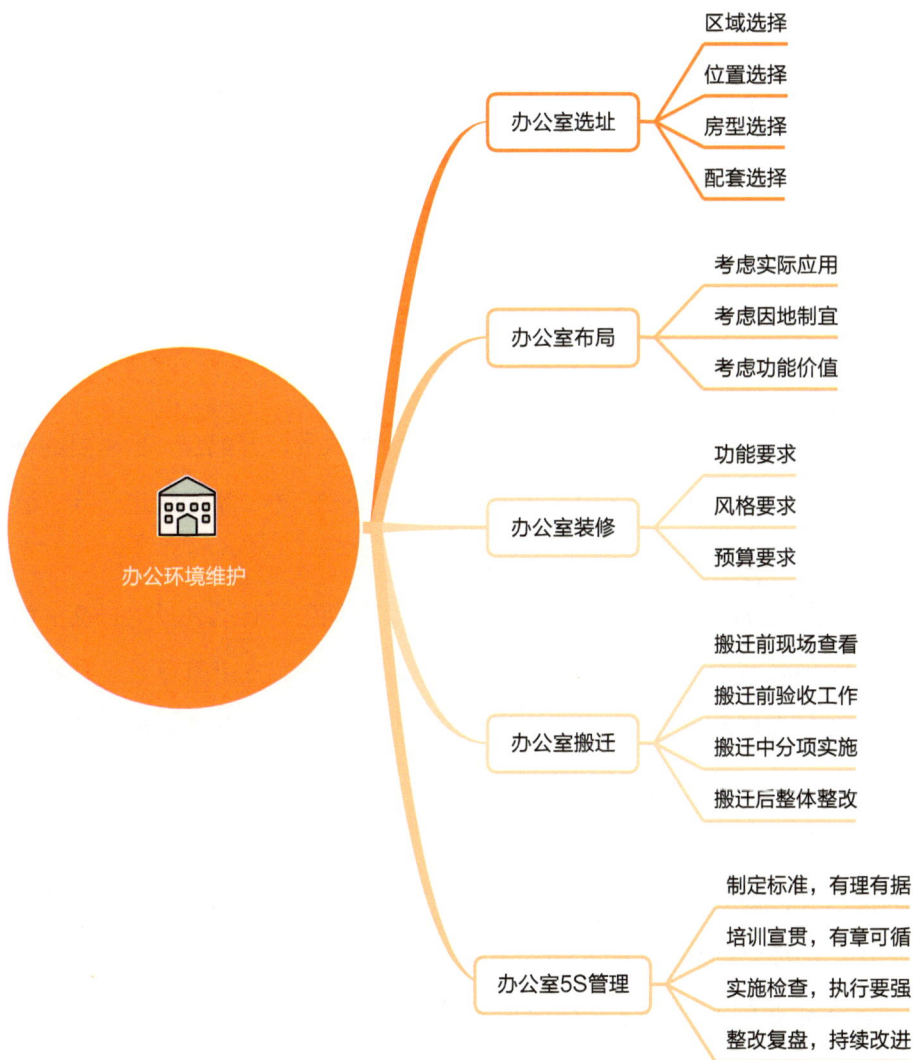

办公环境维护

- 办公室选址
  - 区域选择
  - 位置选择
  - 房型选择
  - 配套选择
- 办公室布局
  - 考虑实际应用
  - 考虑因地制宜
  - 考虑功能价值
- 办公室装修
  - 功能要求
  - 风格要求
  - 预算要求
- 办公室搬迁
  - 搬迁前现场查看
  - 搬迁前验收工作
  - 搬迁中分项实施
  - 搬迁后整体整改
- 办公室5S管理
  - 制定标准，有理有据
  - 培训宣贯，有章可循
  - 实施检查，执行要强
  - 整改复盘，持续改进

为公司创造良好的办公环境是行政文秘的重要职责之一。一家好的公司应该拥有良好的办公环境，这不仅能给员工营造良好的工作氛围，还能给客户留下好印象。良好的办公环境能让员工和客户通过眼睛看到、在心里感受到。

无论公司规模有多大，无论初创公司还是成熟公司，都需要良好的办公环境。创造良好的办公环境可以从办公室选址、办公室布局、办公室装修、办公室搬迁、办公室 5S 管理等方面入手。

10.1 办公室选址

选址不是简单地选个好区域、好位置、好大厦、好配套，最重要的是符合公司需求。我们经常说，合适的才是最好的。办公室选址也一样，选址要与公司定位、公司需求相匹配。

什么是公司定位？简单来说，就是一家公司倡导什么，反对什么。如果公司倡导节俭，选址就必须遵循节俭原则；如果公司倡导效率，就一定要选交通便利的地方。公司定位之所以重要，是因为它是我们的工作方向。

很多时候，行政文秘掌握的信息不够全面，对公司的了解也不够透彻。那么，谁对公司足够了解？谁对客户足够了解？答案是公司高层管理人员。要想做好选址工作，行政文秘就要精准把握高层管理人员的需求。行政文秘要与他们进行深入沟通，了解他们如何考虑选址区域，背后的原因是什么，出于行业聚集需要还是出于客户需求；了解他们喜欢的位置，背后的原因是什么，基于公司形象需要还是基于交通考虑；了解他们喜欢的大厦，背后的原因是什么，基于配套的需要还是基于物业的考虑，等等。汇总高层管理人员提出的需求，将相同或相似的需求归类，加以备注，在后续的讨论会上进一步确认。

确定公司定位和高层管理人员的需求后，要组织相关人员开一场讨论会。在开会前，行政文秘要做充分的准备，把汇总好的高层管理人员的需求提前发给大家，让大家在既定的范围内讨论。如有可能，在会议前最好与最高领导者进行一次单独沟通，在讨论前形成初步的想法，保证后续的讨论方向是正确的，讨论结果不会被最高领导者一票否决。在开会的过程中，要把控好会议进程，让大家充分发表意见。行政文秘在这个阶段最重要的任务是充分结合大家的意见和建议，让大家初步达成一致的结论。

明确了公司定位和公司需求，就可以正式启动选址工作了。

1. 区域选择

一些公司所在区域存在集聚效应，对公司发展更加有利。存在聚集效应的区域有创业园区、电子商务园区、高新公司孵化园区等。在选址时可以优先考虑同类型企业园区，一方面，公司可以借助该区域的优势和品牌；另一方面，有利于聚焦客户和拓展销售市场。因此，公司的定位和需求很重要，行政文秘如果不清楚这些，就很难开展工作。

2. 位置选择

我们都知道最核心、最显眼的位置往往价格也高。选价高、位置好的还是选便宜、位置差一点的，这要根据公司的实际情况而定。如果预算比较充足，公司更重视整体形象，就选价高、位置好的；如果公司处在初创阶段，实用才是第一要务，就选便宜、位置差一点的。

3. 房型选择

明确了区域，选定了位置，接下来就要选择房型了。现在有很多设计风格很时尚的建筑，房型也有很多种。如果公司是传统型公司，可以选择方正的房型；如果公司追求潮流，可以选择更加时尚的房型。当然，无论传统房型还是时尚房型，朝阳、通风等都是必须满足的条件。

4. 配套选择

再好的办公环境也需要相应的配套作为支撑：一是大楼本身的配套，既包括保安服务、保洁服务、消防安全等，也包括大厅管理、会议管理、餐厅管理等；二是周边配套，如交通便利、商超齐全、休闲设施多等。对公司来说，配套齐全有利于营造良好的工作氛围，为员工创造相对舒适的工作环境。如果缺少某些配套，可能会造成一部分员工不稳定。例如，周边交通不便利，住得远的员工上班就不方便；周边缺少商超，员工购物就不方便。

【案例】

假设你是杭州一家初创型互联网公司的行政文秘。公司有约20人，原来在某小区租了一套房子，现公司人员增多，业务有所增加，需要找新办公室，你该如何做？

分析：你需要了解公司定位和需求（见表10-1），包括当前人员数量及未来2~3年的人员增长情况、杭州互联网公司孵化基地在哪里、大部分员工住在哪里、客户来自哪里等。只有了解清楚这些基本情况，才知道如何选址。

表 10-1　选址调研结果汇总表

序号	类型	具体要求	选择标准	调研现状	符合程度
1	公司定位	城市要求			
2		经济要求			
3		区域要求			
4		位置要求			
5		周边公司			
6	公司需求	交通要求			
7		物业要求			
8		商超要求			
9		商住要求			
10		生活价位			

10.2　办公室布局

和选址一样，行政文秘要先了解公司对办公室布局的需求，然后从以下几个方面考虑如何布局。

1. 考虑实际应用

租赁办公室，首先要考虑实用性。我们要了解公司现有多少部门，每个部门有多少位员工、多少位领导，有多少位领导需要独立办公室，平时需要多少间会议室，会议室最多容纳多少人，是否需要设置培训大教室、接待区等。只有了解清楚这些，才知道需要实现什么样的布局效果。

2. 考虑因地制宜

确定办公室布局不是简单地摆放几张桌椅，而是将整个空间划分为不同的功能区。常规的区域有客户接待区、员工休息区、领导办公区、员工办公区、会议讨论区、培训学习区等。只有了解公司现状，才能知道需要多大的接待区，员工办公区需要设置多少工位，需要设置多少间会议室。结合公司需求，因地制宜地确定办公室布局，才是正确的工作方法。

3. 考虑功能价值

功能区就是具有一定功能的区域。一般情况下，考虑到待客的便捷性，接待区最好设在客户一进公司就能看到的位置。很多公司的员工办公区都是开放式的，集中办公有利于提高员工的工作效率，激发员工的工作热情。出于保密和保护隐私的需要，高管办公区最好离员工办公区远一点。休闲区可以离接待区近一点。确定功能区的布局时，要多考虑便捷性、隐秘性、实用性和经济性。不同功能区要满足不同的需求，以创造不同的价值。

初步确定布局后，还要组织高层管理人员、各部门负责人进行讨论。大家的立场不一样，需求也不一样，只有让大家公开讨论，才能使最终的办公室布局更加合理。

【案例】

承接前一个案例，作为行政文秘的你已经根据公司的要求租赁了办公室，公司要求你做好布局规划，然后开会讨论。你将该工作任务布置给同事小强去做，你应该交代他什么？

分析： 你要告诉小强关于办公室布局的要求，让他做一份办公室布局需求调研汇总表（见表 10-2）。具体步骤是：首先与高层管理人员和各部门负责人沟通，了解他们的需求，然后提出一份初步方案，看初步方案能否满足其需求。

表 10-2　办公室布局需求调研汇总表

序号	类型	内容	要求	特殊说明	满意程度
1	布局需求	面积要求			
2		方位要求			
3		工位数量			
4		工位大小			
5		柜子数量			

10.3　办公室装修

办公室装修是个大工程，只有明确需求、高效沟通，才能把这项工作做好。

对于办公室装修，前期准备越充分，调研越细致，后面的施工就越顺利。所以，在装修前，一定要与高层管理人员、各部门负责人沟通清楚需求，明确每间办公室需要多少工位，需要多少柜子，需要多少电源插座等。只有把相关细节都了解清楚，才能把装修工作做到位。

当然，还要考虑以下因素。

1. 功能要求

在确定办公室布局时，我们已经明确了各区域的功能定位和相关要求。在装修时，无论哪个区域，都要按照设计图纸进行施工。行政文秘一定要在装修功能区时做好监督工作。

2. 风格要求

在装修过程中，由于色彩调配、材质选择、灯光选择等，实际装修效果与设计图总会存在一定的差异。这时，行政文秘要考虑两个问题，第一个问题是这些差异是否会破坏整体装修风格；第二个问题是能否小范围地调整装修风格（前提是不影响整体装修风格）。

3. 预算要求

在实际的装修过程中，完全按照最初的设计图纸施工几乎是不可能的。在施工过程中，往往会发现很多在前期勘察时没有发现的问题。一旦变更设计，装修费用就会增加。所以，在与装修公司签订合同时，尽量注明全包，并且注明费用合理变更范围。即使这样，在装修过程中也有可能会发生设计变更。在这种情况下，必须经过现场评审确认方可继续施工，不能为了赶工期，不经确认就继续施工，否则会给后期的验收造成极大的麻烦。

【案例】

承接前一个案例，在确定办公室布局后，小强负责跟进装修工作。小强应该如何开展工作呢？

分析：小强要深刻领会选址和布局要点，然后与装修公司沟通，满足高层管理人员和各部门负责人对布局的基本要求和特殊要求。小强可以参考办公室布局在装修中的落地清单（见表 10-3）。

表 10-3　办公室布局在装修中的落地清单

序号	类型	内容	要求	特殊说明	设计图纸中的体现
1	装修要求	装修风格			
2		区域要求			
3		灯光数量			
4		插座要求			
5		摆放要求			

10.4　办公室搬迁

做好办公室搬迁工作并不是一件容易的事情。

1. 搬迁前现场查看

行政文秘最好在搬迁前带领公司中高层管理人员对装修完的办公室进行一次现场查看。如果有不满意的地方，就要及时整改；即便有些地方无法整改，大家也可以讨论解决方案。

2. 搬迁前验收工作

装修结束后，必须进行验收。搬迁前的验收工作既包括布局验收、工程验收，也包括功能区检查、空气质量测定、网络测试、电源测试、配套设备设施点检等。

3. 搬迁中分项实施

行政文秘要制订整体搬迁计划，包括物资的整理计划（个人物资、公共物资）、车辆的运输计划、人员的搬迁安排、物资的存放位置、现场的指挥要求、旧办公室的清理、新办公室的问题收集与整改、人员的供给安排等。

整体计划可分为若干分项计划，各分项计划应列明时间、责任人、资源需求等。有了计划，各部门才能各司其职，共同协调落实计划。

4. 搬迁后整体整改

搬迁前的设想再完美，在实际操作中也可能出现各种问题。这时，最重要的是收集各部门反馈的问题，想办法尽快整改。行政文秘可以根据问题的紧急程度依次解决，直接影响办公的，必须第一时间响应、快速解决，如断网、复印机不能正常使用、漏水等。如果是卫生没有做到位、墙面美缝有缺陷等问题，可以后期处理。

搬迁其实是个大工程，在搬迁前，行政文秘可以画一个搬迁流程图，把搬迁事项都列出来，然后组织头脑风暴会议，在会议上分项讨论，找出所有可能发生的问题，逐一讨论应对措施。此外，也可以采用鱼骨图法，把各分项计划列出来，然后分析各分项计划可能存在的问题，再一起分析原因，逐一讨论应对措施。

【案例】

承接前一个案例，装修已经通过验收，小强组织各部门负责人去现场查看，大家提出了一些意见，基本上可以在一周内整改到位。接下来，领导确定了搬迁时间，小强需要制订一份搬迁计划，以便指导搬迁工作。

分析：目前公司人员比较少，物品也不是特别多，小强可以制定统一标准：个人物品自行打包，编号后集中放置，由搬家公司统一运送至指定位置；公共物品由各部门抽调1人集中编号，由搬家公司统一运送至指定位置；统一搬迁时间、整理时间、打扫卫生时间并明确责任人；搬迁后进行集中检查，保证搬迁完毕后第二天即可正常上班。搬迁工作检查表如表10-4 所示。

表 10-4　搬迁工作检查表

部门			检查人			
检查日期			不合格数量			
编号	检查内容	得分	现场情况	不合格事项	整改要求	完成时间
1	箱子搬到正确且符合 5S 要求的位置					
2	计算机和电话安装完毕					
3	计算机可以正常使用					
……	……					

10.5　办公室 5S 管理

5S 管理法起源于日本，5S 是指整理（Seiri）、整顿（Seiton）、清扫（Seiso）、清洁（Seiketsu）、素养（Shitsuke）。

- 整理：区分要与不要，留弃并行。
- 整顿：科学布局，取用快捷。
- 清扫：清除垃圾，美化环境。
- 清洁：洁净环境，贯彻到底。
- 素养：形成制度，养成习惯。

只有理解 5S 的本质，才能真正做好 5S 管理。上一个 S 是下一个 S 的起点，只有做好第一个 S，才能更好地推进下一个 S。5S 管理既能帮助员工提高工作效率，也能帮助公司创造良好的工作环境。

如何做好办公室 5S 管理呢？可以从制定标准、培训宣贯、实施检查、整改复盘这四个方面进行。

1. 制定标准，有理有据

通常情况下，办公室 5S 标准由行政部制定，其他部门执行。有时候，标准看起来很规范，但实际执行时效果不尽如人意。这是为什么呢？先看一则小故事，据说迪士尼先生在修建迪士尼乐园时遇到了一个问题，他不知道如何修路才能防止游客随意践踏草坪。他绞尽脑汁，终于想出一个好办法：他先在地面铺上草坪，然后任由游客践踏。过了几个月，草坪被踩出了一条小径。迪士尼立即闭园，把游客踩出来的小径修成了真正的道路。当迪士尼乐园再次开放时，没有游客再随意践踏草坪。

制定一个标准很容易，让所有人执行这个标准却很难。上述小故事给我们的启示是：只有找到症结，才能对症下药，从而药到病除。

2. 培训宣贯，有章可循

在办公室 5S 管理的推进过程中，我听到最多的回答就是："是这样吗？我不知道，我不太清楚。"一般情况下，培训宣贯工作由行政文秘组织，现场管理员负责讲解标准，一条一条地解读，教大家如何做。

做好培训宣贯工作的一个办法是，先让各部门负责人认同 5S 管理的重要性，然后让各部门负责人在本部门进行宣贯。要想顺利推进 5S 管理，仅仅得到最高领导的支持是远远不够的，还要得到各部门负责人的认同。

3. 实施检查，执行要强

接下来的重点是让各部门按标准执行，直至形成习惯。行政文秘不能只想着如何检查出问题，而应该与各部门员工一起按标准执行。行政文秘应先辅导后检查，以辅导为主，以检查为辅。

4. 整改复盘，持续改进

如果员工的行为不妥，就要纠正员工的行为。如果标准和制度有问题，就要修改标准和制度。无论人还是制度，都需要不断地改进。检查出不合格的地方后，该整理的整理，该整顿的整顿。办公室 5S 整理和整顿检查表如表 10-5 所示。

表 10-5 办公室 5S 整理和整顿检查表

序号	所在区域	检查标准	评分标准	实际现状	实际得分
1	座位区				
2					
3	柜子区				
4					
5	休闲区				
6					
7	公共通道				
8					

需要注意的是，标准和制度并非一成不变。如果发现标准和制度有缺陷，要及时调整和完善。

案例分析

某公司从事制造业，一直以严谨著称，提倡员工诚实守信。该公司的办公室设计风格比较朴素，以实用为主基调。最近，公司新来了一位从事设计工作的员工，他认为办公室现在的布置过于压抑，影响他找灵感。公司开展办公室 5S 检查时，他的桌面很凌乱。他不认同行政文秘指出的问题，被处罚了几次也不在乎，完全不按制度执行。行政文秘与该员工所在部门的负责人沟通，负责人说这位员工是他好不容易请过来的，不必拘泥于这些细节，但为了保证公平，该处罚就处罚，不能影响其他员工的情绪。如果你是这家公司的行政文秘，遇到这样的事，该怎么办呢？

分析： 针对这种情况，你可以尝试以下解决方法。

（1）在处罚该员工的同时通报全公司，以警示其他员工。在通报前，一定要多次提醒对方，否则容易弄巧成拙。

（2）让其他部门进行巡回检查，让其他同事与该员工沟通。

常用清单及模板

常用清单

办公环境维护清单

常用模板

模板 1：选址调研结果汇总表

模板 2：办公室布局需求调研汇总表

模板 3：布局在装修中的落地清单

模板 4：搬迁工作检查表

模板 5：办公室 5S 整理和整顿检查表

第 11 章
既简单又复杂的行政采购

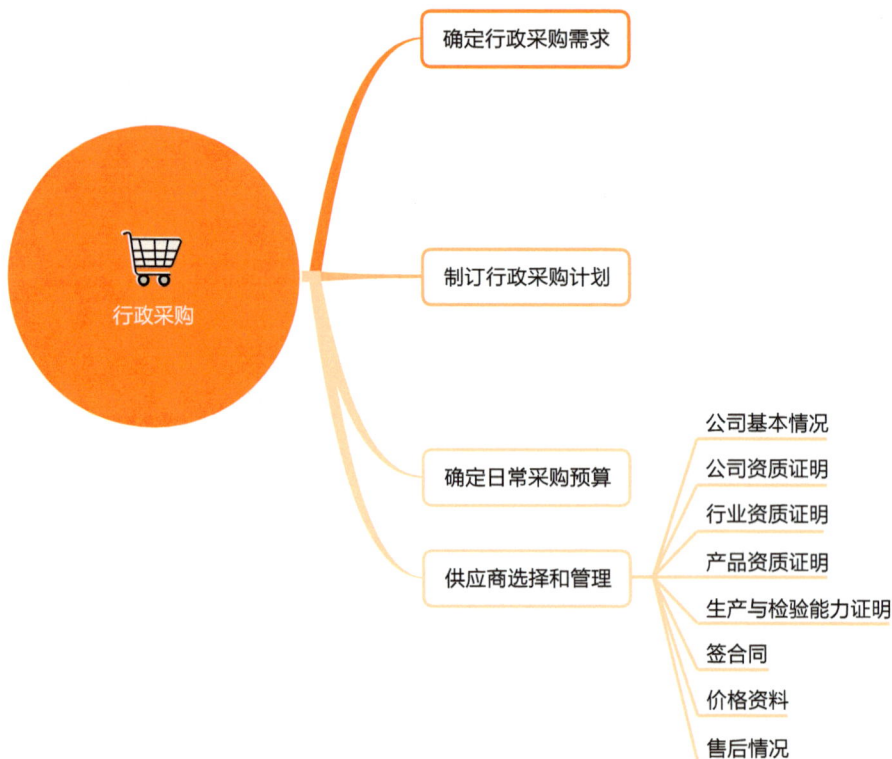

确定行政采购需求

行政采购

制订行政采购计划

确定日常采购预算

供应商选择和管理

公司基本情况

公司资质证明

行业资质证明

产品资质证明

生产与检验能力证明

签合同

价格资料

售后情况

不管在哪里工作，行政文秘或多或少都会接触采购工作，小到日常办公离不开的低值易耗品、节假日福利、员工生日礼物、茶点等的采购，大到打印机、电视机等设备采购，有的还会涉及新办公室租赁装修、员工上下班通勤班车、绿植租赁等服务采购。

在不同的公司里面，行政部的采购权限也不同。有的公司会设置专门的招采部门，由其负责较大金额的采购事宜，行政部只负责小额采购；有的公司没有专门的招采部门，而是把大部分采购工作交给行政部。对行政部来说，无论大额采购还是小额采购，都要做好成本管控。另外，行政部还要对供应商进行管理和维护，以长期保持较高的采购效率和性价比。

11.1　确定行政采购需求

一般来说，采购工作的第一步是收集采购需求。采购需求主要包括领导需求和员工需求。是否购买一款产品或一项服务由领导决定；但产品或服务的使用者一般是员工，所以也要考虑员工的需求。例如，领导想奖励全体员工，就让行政部选在节假日组织公司全体员工旅游。结果，领导很满意，员工却很不满意。决策者和使用者分离，常常使得行政文秘的工作很难做。因此，对行政采购来说，既要了解领导需求，也要了解员工需求。

当然，充分了解员工需求不代表无限满足他们的需求，行政文秘只能合理地满足员工需求。所以，在做需求调研时要尽量出选择题，不要出开放式题目。"团建时，你更喜欢户外拓展还是密室逃脱"要比"团建时，你想干什么"更好。在预算范围内，优先满足共性需求，尽量兼顾个人需求。当采购项目发生变化时，采购需求调研的内容也会发生变化。不管采购什么产品或服务，都要围绕着领导需求和员工需求。

如果是第一次采购某款产品或某项服务，一定要利用好与领导或其他需求方首次沟通的机会。尽可能了解对方的需求，并且将重要信息记录到Excel 表格里，以便后期查阅。只有前期明确需求，后期实施采购时才更容易获得各部门的支持。

做需求调研时一定要明确预算、产品要求、服务要求、数量、收货地点、交货时间、设计要求及其他注意事项。需求调研做得越详细，越方便接下来向供应商提需求。例如，如果你想采购某种产品，最好确定预算是多少，产品型号和规格要求是什么，数量是多少，签订长期采购合同还是短期采购合同，领导能接受的价格区间是多少，何时完成采购等。例如，领导让你采购一些中秋礼品。很明显，这次采购是为了利用节日机会犒劳公司员工，你可以询问领导以下问题。

- 总预算是多少？
- 单件礼品预算是多少？
- 礼品是否需要在某个具体时间之前发到员工手上？

收集员工意见时，尽量提封闭式问题，一方面可以收集有效的参考信息，另一方面可以把员工的期待约束在一定范围内。具体操作如下。

- 征求部门负责人和有代表性的老员工的意见，列出采购需求清单（见表 11-1）。
- 列出价格相近的礼品，让员工在规定的范围内拥有一定的选择权。
- 礼貌地与员工沟通，对提出意见或建议的员工表示感谢。

这样一来，无论领导还是员工，都能感受到行政文秘对他们的尊重，大家的满意度也会更高。

表 11-1　采购需求清单

采购需求清单		
序号	项目	内容
1	物品名称	
2	预算	
3	规格 / 型号	
4	数量	
5	长期采购 / 短期采购	
6	价格区间	
7	交货时间	
8	其他要求	

先确定需求是非常有必要的，不然在具体执行时就没有参考依据。行政文秘在做需求调研时可以问自己以下问题。

- 这次采购主要为谁服务？
- 这次采购的目的是什么？
- 在这次采购中，我要做哪些工作？

在采购前，一定要找到上述问题的答案，这样在推进工作时才知道该往哪个方向发力。

接下来是平衡各方需求，在领导期望的效果、预算和员工的期待之间找到重叠区间，尽量满足各方的需求。例如，领导想在节假日举办团建活动，员工想在节假日陪伴家人，此时可以考虑让员工带家属参加团建活动。

11.2　制订行政采购计划

确定采购需求后，行政文秘就可以开始制订采购计划了。制订采购计划的本质其实是进行项目管理，行政文秘需要知道完成这件事需要经过哪些步骤，每个步骤需要多久完成，哪些步骤是灵活的，哪些步骤是固定的，关键路径、关键节点是什么。严格来说，项目管理并不是行政文秘的专职工作，但如果行政文秘具有项目管理思维，就能把采购工作做得更好。

假设你是一家视频后期制作公司的行政文秘，公司刚接了一个电视剧后期剪辑项目，工期比较紧，需要立即采购 5 台剪辑专用计算机。领导要求在节省支出的前提下 10 天内将计算机采购到位。接到这项采购任务时，你的第一反应可能是：这项任务除了采购物品、采购数量、到货时间是明确的，其他都是未知的。为了制订计算机采购计划，你需要知道以下信息：

- 供应商要求（是否有固定的计算机供应商；如果没有，至少找三家进行对比）；
- 商务要求（指定品牌、供应商资质审核、供应商产品质量等）；
- 技术要求（参数规范、样品确认、合同签约和质检入库等）；
- 经济要求（公司预算、供应商报价、货期、付款条件、验收和维修保养等）；
- 内部审批要求（审批流程、审批人、审批时间、可预见的困难等）；
- 时间要求（供应商报价所需时间、供应商出货所需时间、公司内部走采购流程所需时间、与使用部门确认采购物品所需时间等）。

如果你所在公司有固定的计算机供应商，这件事就好办了，打个电话基本就能解决。但如果之前没有相关的采购经验，应该从哪里入手呢？首先，任何采购工作都可以从商务、技术和经济三个方面入手。商务标、技术标和经济标是招投标时常用的概念。商务标是指公司资质、荣誉等，技术标是指投标方在技术方面的优势，经济标是指报价。所以，即便行政文秘暂时没有思路，也可以先与使用部门进行初步沟通，了解该部门的具体需求，包括有无指定品牌、指定型号、需要的最佳配置和最低配置、大概价位等；再与财务部和法务部沟通，确定公司可以接受的供货条件和合同条款。当然，这里只是举例，在具体执行过程中可能有很多细节需要确认，例如，从哪里可以找到供应商进行比价，不同配置的计算机对后期制作有哪些影响，哪些参数对后期制作效率有较大影响，供应商能否提供发票，供应商能否提前供货以满足公司需求等。总的来说，这项工作的核心是在节省支出的前提下，让尽可能多的供应商提供报价单，并且在满足财务部和法务部要求的情况下，让领导根据计算机价格、配置、供货周期、付款周期、维修保养约定等关键信息做出最后决策。

在招标时，为了保证结果的客观公正，通常不会由一个部门或个人单独负责。基于这一原则，我们可以让使用部门参与技术评判；在洽谈经济条款时，多征求财务部和法务部的意见；把所有人的意见汇总起来上报给领导，由领导决定最终采购哪家供应商的产品或服务。

确定截止时间后，我们可以借助采购进度图（见图 11-1）安排各个步骤的时间。

视频后期制作计算机采购进度图										
	第1天	第2天	第3天	第4天	第5天	第6天	第7天	第8天	第9天	第10天
技术需求确认	■	■	■	■	■	■				
商务需求确认	■	■	■	■	■	■				
供应商筛选					■					
首轮报价				■						
次轮报价					■					
完成供应商评分和审批	■	■	■	■	■	■				
确定供应商并下订单							■			
到货									■	
收到发票										■

图 11-1　采购进度图

假设计算机应该在第 9 天到位，我们通过与供应商初步沟通发现，从确定供应商并下订单到计算机送达需要 2 天，因此第 7 天必须完成下订单这一步骤。如果订单下晚了，就会导致到货时间推迟。同理，如果第 7 天确定供应商并下订单，第 6 天就要完成供应商评分（见表 11-2）和审批，其他步骤的完成时间按照同样的方法确定。

表 11-2　供应商评分表

视频后期制作计算机供应商评分表			
供应商名称	A 计算机硬件有限公司	B 计算机硬件有限公司	C 计算机硬件有限公司
成立时间	2005 年	2017 年	1998 年
注册资本	10 万元	50 万元	100 万元
配置	较高	较低	中等

（续表）

视频后期制作计算机供应商评分表			
使用部门对配置的打分	80 分，很好	60 分，影响工作效率	70 分，同等配置下性价比较高，不影响工作效率
商务部门意见	接受我方合同，保修时间长，付款周期无优势	实力较弱，必须采用对方合同，无店保，付款周期较好	实力较强，必须采用对方合同，付款周期较好
价格	74 000 元	62 000 元	71 000 元
供货周期	付全款后 2 天	下订单后 2 天	下订单后 2 天
维保	店保 1 年	无店保	店保半年
领导批示			

采购计划要明确采购日程、产品名称、产品颜色（尺寸）、产品型号、采购数量、产品价格、相关费用、结算方式、到货日期、到货方式和验收标准等。如果计划不详细，就很容易出现各种问题。

要听取使用部门的意见，但不能完全按照使用部门的想法做事，要综合领导的意见、财务部与法务部的约束条件、使用部门的意见。例如，领导希望这 5 台计算机一周内到位，供应商表示初次合作的公司只能先付款后发货，但财务部坚持先发货后付款。在这种情况下，行政文秘应在第一时间向领导请示，由领导做出决策，避免采购延误给公司带来损失。

11.3　确定日常采购预算

简单来说，日常采购就是行政部根据公司规模和日常消耗量进行的周期性采购。不同于普通的采购计划，周期性采购计划中的品类、数量、价格和供应商等因素都可以预先确定，一般在每个财务周期（一般为一年）

预先审批通过。

假设需要采购日常办公用品、绿植花卉、饮用水、快递服务等，应该怎么做采购预算呢？其实，不论采购物品价值大小，只要可以按规律采购某种物品，就可以通过采购预算清单（见表 11-3）规范工作流程，加强风险把控，提高工作效率。

表 11-3 采购预算清单

某公司月度采购预算清单（20×× 年 5 月）						
编号	类别	物品名称	数量	单价（元）	总计（元）	供应商
1	办公用品	晨光 1008 签字笔（黑色）	12	1.60	19.20	金五星
		晨光胶棒 15 克	2	2.30	4.60	
		大垃圾袋（75 厘米 ×90 厘米）	2	20.00	40.00	
		5 号电池	20	2.00	40.00	
		2 号电池	2	7.50	15.00	
		iPhone 数据线	10	18.00	180.00	
		长竹夹子	2	3.50	7.00	
		得力 6009 剪刀	2	4.00	8.00	
		高乐品 A4 打印纸	1	120.00	120.00	
		三菱签字笔（蓝色）	10	6.20	62.00	
		立白洗洁精 1.22 千克	2	12.50	25.00	
	小计				520.80	
2	保洁用品	汰渍洗衣粉 5 千克	2	35.00	70.00	京东 / 天猫
		3M 思高扫把	1	50.00	50.00	
		3M 洗车布	2	30.00	60.00	
		滴露消毒液	4	85.00	340.00	
		滴露洗手液补充袋	5	14.00	70.00	
		柠檬酸除垢剂	2	12.50	25.00	

（续表）

编号	类别	物品名称	数量	单价（元）	总计（元）	供应商
		某公司月度采购预算清单（20×× 年 5 月）				
2	保洁用品	鱼鳞布（40 厘米 ×40 厘米）	2	20.00	40.00	京东 / 天猫
		威猛先生洁厕液 750 毫升	4	12.00	48.00	
		小计			703.00	
3	其他	饮品	1	500.00	500.00	顺丰 /EMS
		加班茶点	1	600.00	600.00	
		快递	—	150.00	150.00	
		不可预见费用	1	600.00	600.00	
		小计			1 850.00	
		总计：3 073.80 元				
申请人签字：_____			日期：_____			
行政审核栏：_____			日期：_____			
审核人签字：_____			日期：_____			

　　表 11-3 所展示的是某公司月度采购预算清单，申请人为具体执行采购工作的员工，行政审核栏对应的是行政部负责人，审核人可以是财务部负责人或公司的某位领导，具体是谁要看公司的规定。正如前文所说，预算的另一个作用是预审批。一般情况下，行政部会在年初做出一整年的预算。按照公司流程，经公司各部门、各领导审批后，行政部就可以根据预算执行情况和实际的使用情况按月采购。原则上，在进行月度采购的过程中，不需要再次进行采购审批，只需要在已经通过审批的年度预算内完成采购，按照约定的方式报销。

　　怎么制定预算？制定预算时需要注意哪些事项？正如前文所说，制定预算时要参考实际的使用情况进行推算，但只推算是不够的，因为在一年的时间里，公司会发生很多意料之外的事情。例如，人员增加、业务扩展、新增需求等都会影响物品消耗。这时，我们会发现预算与库存管理密不可分。库存管理是根据应消耗量确定进货预算和安全库存量，以免出现员工需要用的时候没有库存。

表 11-4 为办公用品库存详情，从表中我们可以看到盘点时不同品类、不同规格办公用品的数量（截至盘点日期）。假设将每月月底定为盘点日期，可以计算出过去每个月各物品的消耗量，再计算出月平均消耗量。将月平均消耗量作为安全库存参考标准，与现有库存对比，即可判断是否需要进行采购。整体的逻辑是把库存保持在合理范围内。库存过多，可能导致工作量增加；库存少，容易陷入被动。预算与库存管理之间要保持动态平衡，出入数量与品类要对应，制度和规范要严格把关。另外，财务支出必须处处留痕，让每一笔支出都有理有据。

11.4　供应商选择和管理

公司掌握的供应商资料越多，可供选择的供应商就越多。下面介绍几个寻找供应商的渠道。

- 整理公司已有的供应商资料。行政文秘的很多工作都是重复性的，虽然你可能是第一次接触采购，但前任肯定已经采购过很多次了。所以，如果你现在需要帮公司采购物品，第一件事应该是看看前任是怎么做的。如果公司已经有合作非常久的供应商，你就可以直接

表 11-4　办公用品库存详情

办公用品库存详情

序号	名称	规格（颜色）	单位	数量	明细	月消耗量	安全库存数量	下月采购预算	盘点日期	盘点人
1	剪刀	—	把	0	—	0	2	2		
2	尺子	—	把	14	8把旧的	2	8	0		
3	爱普生墨盒	黑	个	1	—	1	2	2		
4	爱普生墨盒	洋红	个	2	—	0	2	0		
5	爱普生墨盒	青	个	1	—	0	2	1		
6	百强墨盒	黑	个	1	—	0	2	1		
7	戴尔鼠标	有线	个	5	1个旧的	2	2	0		
8	晨光黑色长尾夹	25毫米	盒	7	12枚/盒	0	5	0		
9	晨光黑色长尾夹	19毫米	盒	5	12枚/盒	2	5	2	20××年6月8日	×××
10	德林长尾票夹	—	盒	5	12枚/盒	2	5	2		
11	涂改液	—	瓶	4	—	5	5	6		
12	铅笔	HB	盒	2	12支/盒	1	1	0		
13	铅笔	2B	支	23	—	12	30	19		
14	蓝色圆珠笔	—	支	4	—	0	10	6		
15	晨光中性笔芯	0.5毫米	支	20	—	2	1	0		
16	晨光中性笔	黑	盒	6	12支/盒	2	1	0		
17	晨光中性笔	红	盒	1	12支/盒	2	1	0		
18	得力白板笔	黑	盒	2	10支/盒	1	1	0		
19	得力白板笔	红	盒	2	10支/盒	1	1	0		
20	得力白板笔	蓝	盒	2	10支/盒	1	1	0		

从这些供应商处采购。

- 同行推荐。你可以加入一些行政文秘群，群里的人可能会向你推荐一些可靠的供应商。

- 公开招标。如果采购金额较大或需要长期采购，也可以考虑通过招标方式寻找供应商。

- 在百度、搜狐等各大门户网站搜索关键词，或者去行业展会寻找供应商。

- 从京东、淘宝、天猫、阿里巴巴等电商平台采购。如果是小宗采购，从淘宝采购就很方便。注意，记得询问客服能否开发票。

如果公司实力雄厚，最好建立一套具有较强时效性且高质量的供应商管理系统。供应商管理系统是公司招采系统的重要组成部分，很多公司会花高价购买供应商管理系统，甚至定制个性化的系统。例如，某房地产开发商曾花费 1 500 万元，耗时 1 年半，定制了一个线上招采平台和供应商管理系统。这里主要介绍供应商管理系统的基本原理，以及如何在日常工作中实现高效的供应商管理。

说到供应商管理，首先要判断供应商是否合格，不能只看公司成立年限、注册资本等，还要看供应商上一年营业额、是否与客户有法律纠纷、资质评级等。行政文秘可以让有意参与竞标的供应商填写供应商信息收集表（见表 11-5），收集各类有用的信息。

表 11-5　供应商信息收集表

供应商信息收集表			
基本信息			
供应商名称			
地址			
电话		传真	
成立日期		注册资本额	
负责人姓名		职称	
产品或服务类别		生产配备	
工厂面积		厂房幢数	
厂房建材设备及层数		员工总人数	
人员配备		设计工程	
制造工程		研究开发	
采购		生产	
品保 / 品管		制造及检验	
工程时程		小时 / 天	
工作天数 / 周		班次 / 天	
开工百分比		生产设备状况	
业务参考			
往来银行及其地址			
主要客户			
公司名称 1		公司名称 2	
地址		地址	
联系人		联系人	

在收集足够多的供应商信息后，行政文秘可以将供应商的重要信息汇总到表 11-5 中，然后把不符合公司标准、不能满足公司需求的供应商剔除。在这个环节要系统地检查供应商的基本信息、真实状况，核实供应商

能否满足公司的业务需求和采购标准，能否稳定提供优质的产品或服务。实际上，市场中的供应商非常多，所以困扰大部分行政文秘的问题不是找不到供应商，而是怎么找到合格的供应商。通常来说，不同类别的供应商需要按照不同的标准和采购需求进行资质审查。项目规模不同，供应商资质审核方式也不同。如果是小额采购，可以选择电子资质文件核查、线上核查或对供应商进行现场考察，具体考察供应商的规模、产能、样品质量、资质证书、交付周期、付款周期和服务态度等。

1. 公司基本情况

对供应商进行资质审查时，要全面地收集供应商的资料，详细了解其创立时间、注册资本、公司规模、公司性质、注册地、法定代表人、股东等，判断该供应商是否可靠、实力如何。这些信息都可以在公开的企业信息查询平台上查询，如企查查、天眼查等。例如，在天眼查搜索框中输入公司名称进行搜索，就可以查到该公司的各种信息，除了公司创立时间、注册资本等信息，还可以查询法定代表人变更、股东名下的所有公司、股东之间的关系网、商业合作伙伴、违规状况等信息。另外，在各大网站上也可以查询各类公司的公开信息，例如，在全国组织机构统一社会信用代码查询平台可以查组织机构代码，在中国商标网可以查商标注册号，在各厂商官方网站可以查看代理商授权证明等。

2. 公司资质证明

行政文秘可以要求供应商提供公司、行业和产品的资质证明，审查供应商是否有生产相应产品的资质。公司资质证明包括公司的营业执照、银行开户许可证、一般纳税人资格证书（个体工商户除外）等的复印件（须加盖公章）、财务报表等。

- 核对证件上的信息与供应商提交的信息是否一致，证件上的日期是否在有效期内（如果证件已经过期，须要求对方重新提交合格的证件）。

- 核对营业执照上的营业范围、设立时间、注册资本、地址信息等是否真实（与实际不符的要进行核查，确认不合格的，要停止进一步的合作）。

- 确认供应商是否有开户许可证，若有，可以在后续合作中进行收款开票。

- 审核一般纳税人资格证书并以此判断发票的税率，为后续合作做好前期调研。

- 排查供应商是否被列为失信单位或有强制执行记录，这些信息可以在国家企业信用信息公示系统、信用中国等网站上查询。

3. 行业资质证明

不同行业需要提供的资质证明不同，例如，装修公司需要通过 ISO 14001 环境管理体系认证，车辆租赁公司需要提供驾驶员驾驶证和道路运输经营许可证，餐厅需要提供食品经营许可证、卫生许可证、食品流通证、人员健康证等。

4. 产品资质证明

行政文秘可以要求供应商提供商标注册证明、厂商代理资质、品牌授权资质、产品质检证明、卫生许可证明、行业协会或专业机构出具的资质文件、管理体系认证证书等。例如，电子产品供应商需要提供质检证明、3C认证，自产食品供应商需要提供产品质检证明。

行政文秘在检查产品资质证明时要注意其有效期，以及本次采购的产品是否在该供应商的经营范围内。

5. 生产与检验能力证明

了解潜在供应商生产能力是判断该供应商能否按时保质保量地完成订单的重要依据。行政文秘可以要求供应商提供往年同期的出货清单以判断其生产能力。

6. 签合同

无论最后选择与哪家供应商合作，都需要签合同。

7. 价格资料

行政文秘可以要求供应商提供所采购产品的历年价格，通过对比了解市场价格行情。

8. 售后情况

售后服务十分重要，这是采购工作的最后一环，很多产品都涉及售后服务问题。在前期对供应商进行资质审查时，一定要严格遵循公司的业务需求和采购标准，保证供应商的质量，避免为后期工作埋下隐患。除了线上核查，行政文秘还要对供应商进行现场考察。现场考察不同于线上核查，需要重点核查以下细节：供应商的人员状况、生产规模及能力、产品质量、技术力量、产品交付周期、售后服务等。

经过前面的调研，行政文秘据此制作供应商资质对比表（见表11-6）。

请注意，该表仅供参考，建议在实际工作中使用 Excel，将更多的数据直观地展示出来，以便在采购任务下达后快速完成筛选。

表 11-6 供应商资质对比表

供应商资质对比表														
序号	供应商名称	创立时间	注册资本	公司规模	公司性质	产品优势	公司资质	产品资质	生产能力	质量水平	技术水平	交付日期	售后情况	联系人
1														
2														
3														

使用 Excel 制作供应商资质对比表有助于行政文秘对供应商进行分类。行政文秘需要采购某一类产品时，可以快速筛选出相应类别的供应商，极大地节约时间。采购物品分类表如表 11-7 所示。该表仅供参考，不同公司的侧重点各有不同，有些项目可以进一步细分，有些项目如果不涉及，就可以删除。

表 11-7 采购物品分类表

采购物品类别	涉及的物品
固定资产	空调、电扇、路由器、计算机、笔记本电脑、电话、打印机、发票打印机、验钞机、碎纸机、传真机、摄像机、手机、录音笔、饮水机、吸尘器、文件柜、资料柜、多屉柜、保险柜、办公桌等
办公用品	文具、桌面用品、财务用品、辅助用品、计算机外围设备、打印耗材、装订耗材、办公用纸等
日杂百货	日杂用品、五金工具、企业礼品等
外包服务	资质办理、证照办理、知识产权、活动策划、会务服务、物料制作、保洁服务、绿植服务、租车服务、回收服务、企业团餐、员工体检、企业差旅等
工程装修	租赁、装修、选址、搬迁、消防、空气净化、净水等

有的供应商可能一开始配合得不错，但后续的服务水平不尽如人意，

或者价格不再有竞争力。这时，行政文秘就要把不合格的供应商剔除，例如，如果供应商不配合或与公司发生直接矛盾，就不再与其合作。行政文秘还应该及时更新供应商资料，剔除不合格或无继续合作意愿的供应商，确保供应商库里的每一家供应商都是可以放心合作的。为高效管理供应商，行政文秘应定期给供应商评分，剔除分值最低的供应商。供应商评分表如表 11-8 所示。

表 11-8　供应商评分表

供应商评分表			
序号	考核指标	权重（%）	打分
1	公司实力		
2	公司信用		
3	产品质量		
4	产品价格		
5	交货能力		
6	供货周期		
7	结算方式		
8	后续服务		
9	响应速度		
10	……		
综合得分			

采购只是行政文秘诸多工作中的一项，但这项工作不容疏忽。

（1）大多数公司在员工诚信问题上秉持零容忍的态度。所以，行政文秘应按公司要求采购，按公司规定走流程，不能在未请示领导的情况下改变工作流程。

（2）行政文秘从事采购工作需要具备宽广的知识面，平时要有意识地储备相关知识，以便在开展采购工作时综合分析供应商资质。

（3）行政文秘要秉持公正的态度，将所有意见落在纸面上，杜绝可能的造假作弊行为。

（4）行政文秘要避免受同事、朋友等人的影响，对供应商没有个人情感方面的倾向性。

（5）行政文秘要具备项目管理意识，把握采购过程中的重要时间节点。

采购工作非常锻炼行政文秘的统筹能力和沟通能力。行政文秘要形成系统化思考、流程化工作、专业化执行、风险化管理的采购工作思路，以更好地完成这项工作。

案例分析

婷婷是某影视后期制作公司的行政文秘，负责低值易耗品和一般办公设备的采购工作。一天，公司领导告诉她，因业务发展需求，必须在下周前采购 5 台高配置计算机。

婷婷对计算机配置相关知识不太熟悉，就把采购需求向原先的供应商描述了一番，要求其尽快提供配置方案和报价。供应商说时间很紧张，但是向婷婷承诺下周前肯定到货。婷婷觉得该供应商之前与公司配合得不错，就相信了对方。该供应商在时间节点快到时发来了配置方案和报价，让婷婷尽快做决定，还说现在市场上显卡货源紧张，如果不在两天内走完流程，就无法确保下周前到货。这下婷婷慌了，她赶紧把供应商发来的配置方案和报价交给使用部门领导确认。使用部门提出疑问时，供应商以货期为由要求他们尽快做出决定，不能再修改了，否则无法按期到货。

最后，婷婷顺利完成了这次采购，但是她发现公司里有传言说她私下拿了供应商的回扣。婷婷很郁闷，自己辛辛苦苦给公司按时采购了急需的设备，没有做出任何违规行为，为什么还会被人说闲话？

分析： 婷婷在这次采购中犯了以下错误。

（1）婷婷轻信原先的供应商，没有对比多家供应商，给他人留了口实。一般来说，公司都会明确规定，在单次采购金额大于某一金额时必须向多家供应商询价。即使婷婷的公司没有明文规定，她也应该注意书面留痕，综合多方意见，形成书面的供应商评分表并提交给领导做决策。

（2）婷婷事前没有充分咨询使用部门的意见，而是在快到时间节点时才赶忙征求使用部门的意见，难免让使用部门产生怀疑。

（3）在采购过程中，婷婷过分相信供应商的话。供应商说的有可能是真实情况，但是婷婷应该多方核实，做好备选方案。

因此，在做采购工作时，一定要提前做好供应商管理工作，严格依照公司审批流程，做到事事留痕；把重要和复杂的采购工作当作项目进行管理，必要时进行倒排期，做到心里有数，否则容易陷入被动，即使不耽误货期，也容易引起不必要的风险。

常用清单及模板

常用清单

行政采购清单

常用模板

模板 1：采购需求清单

模板 2：采购进度图

模板 3：供应商评分表

模板 4：采购预算表

模板 5：库存物资盘点统计表

模板 6：供应商信息收集表

模板 7：供应商资质对比表

模板 8：供应商综合指标量化选择表

模板 9：办公用品购买、使用申请表

模板 10：耗材购买申请表

第 12 章
公司资产管理怎么做才稳妥

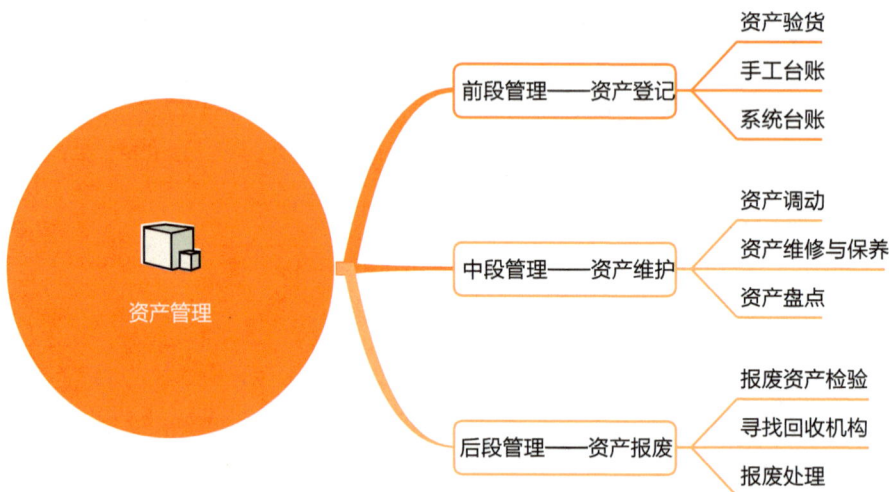

说到资产管理，很多人可能会觉得陌生或不知道从哪里做起。有些行政文秘拥有对公司资产的调配权，所以被称为公司的"大管家"。行政文秘管理的资产主要是公司的办公桌、计算机、打印机等。有些行政文秘为市场、销售等部门服务，而这些部门需要办公桌椅、饮用水、打印纸，甚至食堂、宿舍，因此行政文秘需要为这些部门提供相关物资并做好维护和补充工作。行政文秘做的这些工作就是资产管理工作。

资产管理分为三个阶段，分别是前段管理、中段管理和后段管理。在前段管理中，行政文秘要统计资产，了解其种类、数量、完好情况等信息。在中段管理中，行政文秘要将资产合理地分配给相应的部门。在后段管理中，行政文秘要做好资产管理工作。行政文秘要合理地分配资产，做好资产维护保养工作，让资产始终保持完好的状态，保证公司正常运转。

12.1　前段管理——资产登记

1. 资产验货

资产验货其实很简单，行政文秘只需要确定到货时间，等货送到公司后，对照清单清点货物数量、查看货物完好情况即可。下面以采购打印机为例，详细介绍资产验货的具体操作步骤。

（1）查看资产信息。对照采购单上的信息，对比实际到货的品牌、数量、规格是否一致，确认是否有送错货或以次充好等情况。

（2）查看资产完好情况。安装后测试打印机能否正常运行，运行过程中是否有异常的噪声，打印的文件是否字体清晰。

（3）检查质保资料。质保资料可以作为正常换货的有效凭证，凭质保资料找厂商维修可以减少后期的维修费用。

按照以上三个步骤进行资产验货，如果资产没有任何问题，行政文秘就可以登记资产信息。资产信息具有唯一性，包括资产名称、品牌、采购时间、资产编号等信息。我们需要把这些信息登记到资产台账上。资产台账能帮助我们更快地查找资产信息，方便后期的资产统筹分析等工作。例如，当我们想知道公司打印机的总数量、打印机品牌种类、某部门的资产总数、资产使用时长等信息时，我们可以直接从台账中导出。

台账主要有两种，一种是手工台账，另一种是系统台账。为了降低成本，大多数公司会使用手工台账，也有部分上市公司会使用系统台账。这两种台账各有利弊，下面介绍它们的管理要点。

2. 手工台账

（1）利弊分析

- 利：成本低，只需要建立 Excel 表格。
- 弊：人为操作，手工台账支持手动修改各种信息，而且难以留下修改记录，所以存在信息被篡改的风险。

（2）建立台账

台账的内容主要包括资产编号（唯一的编号）、资产部门、资产名称、品牌规格、数量、位置等。登记完后，可以在台账上贴一张资产标签，在标签上写明编号，这样方便后期查找。

（3）定期存档及使用台账

台账最好每月进行存档。每月保存一个新的资产台账，便于后期查找资产。例如，当我们需要查两个月前的资产数量时，只要找到两个月前的资产台账即可。如果没有定期存档的习惯，查明资产数量就会比较麻烦。我们也可以使用标记颜色法，给当月新增加的资产、当月报废或调出的资产标记不同的颜色。通过筛选颜色，我们就可以快速找到新采购的资产或报废的资产。

3. 系统台账

（1）利弊分析

- 利：对资产信息进行系统化管理，对数据进行智能化分析。
- 弊：成本较高。

（2）建立台账

基本信息与手工台账一致。另外，系统台账支持上传资产照片，便于识别和查找资产。

（3）定期存档及使用台账

系统台账也需要定期存档。如果资产系统有导出电子台账功能，就可以轻松地下载和保存台账。如果修改了资产信息，如资产使用人或使用部门，系统中会保存修改记录，我们可以看到修改的时间和内容，不像手工台账那样没有修改痕迹。系统台账可以设置筛选条件，快速导出所需资产信息。例如，现在需要 2010 年到 2012 年的打印机采购信息，我们可以在采购年限处选择时间，然后导出所有明细。

12.2　中段管理——资产维护

资产维护可以理解为对资产的日常管理和对资产的动态更新。如果资产位置发生变动，就要及时更新台账里相应的位置信息，便于后期寻找。如果资产损坏，就要及时进行维修。如果想了解全部资产的情况，就要做好资产盘点。

1. 资产调动

资产调动可能使资产的位置、责任人等发生变化，如果资产信息发生变化，就要修改台账。假设小张是一家公司的行政文秘，他所在的公司有甲、乙两家分公司，每家分公司都有 A、B、C 三个部门，下面介绍不同情况下的资产调动应该怎么做。

（1）部门内资产调动

小李和小王都是 A 部门的员工。小李准备离职，他和小王交接了工作，同时将打印机交接给了小王。这时，我们需要在资产台账中直接修改打印机的责任人和位置这两个信息：责任人由小李改成小王，位置由小李的工作区改成小王的工作区。这样这台打印机就被列为小王名下的资产了。

（2）跨部门资产调动

A 部门的打印机坏了，B 部门恰好有一台闲置且功能完好的打印机，这时小张跟两个部门的经理沟通，双方同意将 B 部门的打印机调配给 A 部门使用。这时，我们需要将资产台账中的资产所在部门由 B 部门修改为 A 部门，将责任人改为小张，将位置改为 A 部门办公区，这样就完成了跨部门资产调动信息更新。

（3）跨分公司资产调动

甲分公司发生架构调整，导致一批设备闲置，乙分公司正好需要这批设备。经协调，甲分公司经理同意将部分资产调配给乙分公司。这时，我们需要修改资产台账，将资产所在分公司改为乙分公司，将资产所在部门改为新使用部门，将责任人改为新资产使用人，将位置改为乙分公司某部门办公区，这样就完成了跨分公司资产调动信息更新。

（4）跨公司资产调动

小张所在公司将一些业务委托给了其他公司。由于业务需要，小张所在公司需要将采购的桌椅调配给这些公司，这些资产不再由小张所在公司监督管理，如果发生损坏、丢失，也跟小张所在公司没有关系。在这种情况下，小张所在公司要做好交接，从资产台账中删除这部分资产信息，不再对这部分资产进行管理。

以上是发生资产调动后修改资产台账的方法。只有及时更新资产信息，才能保证资产台账信息准确，不会出现找不到资产的情况。

2. 资产维修与保养

对资产进行维护也是行政部的职责之一。本来只能使用 4 年的电视机，通过日常的维修与保养可以使用 6 年，无形之中延长了 2 年的使用时间，从而减少了采购电视机的费用，节约了成本支出。以此类推，如果通过维修与保养延长 10 台电视机的使用时间，就可以为公司节约一大笔开支。

（1）资产维修

当资产损坏时，先看其有无保修卡，是否在保修期内。如果在保修期内，拿着保修卡找供应商就可以免费维修。如果超出保修期，可以找与公司合作的维修店维修。如果没有合作的维修店，就需要找合适的维修店。如果想省钱且时间充裕，可以多找几家维修店进行价格对比，哪家划算就去哪家维修。

（2）资产保养

大型设备使用寿命相对较长，所以需要每月或每季度做定期检查。做定期检查时要汇总需要更换的零部件并提前采购。资产保养跟车辆保养一样，定期更换一些小配件才能降低大修费用。公司一般会明确大型设备的使用部门，可以将日常维修与保养工作交给相应部门。使用部门对设备比较熟悉，清楚需要定期更换哪些配件，由使用部门负责维修与保养工作及相关的记录工作可以使其更好地了解资产现状。使用部门为了降低维修频率，往往会加倍爱护设备，避免设备出现问题。

3. 资产盘点

资产盘点包括三个步骤，即制订盘点计划、组织人员和现场盘点。

（1）制订盘点计划

行政文秘要制订盘点计划，以提高盘点效率。盘点方式主要有两种，一种是按位置自行盘点，另一种是与资产责任人一起盘点。资产大多按房间存放，行政文秘可以选择按位置自行盘点。如果提前将资产台账里处于同一位置的资产导到一个表中，那么到达该位置后，很快就能盘点完。台账中记录的位置越准确，盘点速度越快。若行政文秘对要盘点的资产不熟悉，则可以选择与资产责任人一起盘点。

行政文秘可以作为盘点队长，在确定盘点方式后制订盘点计划。如果多人一起盘点，就需要将待盘点资产合理地分配给每个人，并预估盘点所需时间。盘点计划表如表 12-1 所示。

表 12-1　盘点计划表

序号	盘点时间	资产名称	盘点资产数量	责任人	完成时间

（2）组织人员

制订好盘点计划后，行政文秘先要召集盘点人员和资产使用部门相关人员开会，告知盘点时间和注意事项，让盘点人员和资产使用部门相关人员提前安排好工作，避免出现工作时间上的冲突。

（3）现场盘点

所有准备工作做好后，就可以开始盘点了。下面举例说明盘点的两种方式。

① 按位置自行盘点。例如，把办公区 101 室的所有资产明细打印出来，到 101 室对照着资产明细表核对资产，查看资产的品牌、数量、位置

等是否与明细表中的一致。如果一致，按同样的方法再检查一遍。

② 与资产责任人一起盘点。例如，把张某名下的资产明细打印出来，提前 1~2 天跟他说明盘点预计需要花费的时间，让他提前做好准备。盘点当天与他一起核对台账上的资产与实物是否一致，把不一致的地方记录下来。盘点完成后，修正台账并统计要维修的资产、要报废的资产和已丢失的资产。

盘点就是核对资产情况是否与台账相符、资产是否完好、资产是否丢失。盘点的作用是对资产使用部门情况进行监督，对破坏资产的人进行处罚，对需要维修的资产进行及时维修，这样资产才能长久使用。如果没人管、没人监督，就会导致资产被随意破坏甚至丢失，使公司遭受损失。盘点完成后，除了做好上面的工作，还要对没有维修价值的资产进行报废处理。

12.3 后段管理——资产报废

有人认为资产报废就是卖废品，实则不然，二者有很大的差别。行政文秘要尽量保证公司利益不受损失，能在维修后继续使用的资产就要维修，不能维修或维修成本过高的资产可以考虑变卖。公司的每项支出都要经过深思熟虑，先考虑维修，再考虑是否采购新资产，资产报废只能在确定资产修不好的情况下进行。只有重重把关，才能减少公司的损失，行政文秘可以从三个方面把住关口。

1. 报废资产检验

做资产盘点时，我们会统计已经损坏的资产，并考虑对这些资产进行维修。但维修需要花钱，如果维修费用较高或已经超出资产本身的剩余价值，就可以对资产进行报废处理。例如，电子产品一般使用 4 年后就基本不必维修了，如果已经使用了 5 年，需要更换各种零配件，维修费接近资产价格的 50%，就可以选择对资产进行报废处理。资产检验就是把所有需要维修的资产放在一起，找专业人员分析每项资产有无维修的必要，筛选出可维修的资产和可报废的资产。

2. 寻找回收机构

将需要变卖的资产筛选出来后，比较回收价格，将资产卖给出价高的回收机构。如果选择专门回收设备的公司，回收价格可能会更高。例如，可以将报废的计算机卖给计算机供应商，计算机供应商的报价一般比废品回收机构的报价高。

3. 报废处理

选好回收机构后，不要急着卖，与财务人员约好时间一同变卖资产，将变卖所得直接交给财务人员。财务人员将此笔收入作为公司额外收入或其他收入并记账，就完成了整个变卖过程。在变卖过程中最好拍照留存记录，变卖完成后做好变卖明细登记，参与人员签字确认，以便后期查询。

将旧资产变卖之后，公司是否需要采购新资产呢？如果需要采购新资产，还要统计新的资产需求，需求部门可能对资产的配置要求更高了，也可能因业务调整改变了对资产的需求。总之，采购前要跟需求部门确认。资产从采购到使用，再到报废，最后到再次采购，形成了一个完整的闭环，所有环节都需要行政部参与。因此，做资产管理不难，但做好、做精、做透却很不容易。

有人问："行政文秘一定要学习资产管理吗？"答案是肯定的。学习资产管理是非常有必要的。行政文秘作为公司资产的管理者，对资产的采购、使用情况都要了解清楚，做好日常管理工作，延长资产的使用时间，减少再次采购的费用，帮助公司减少支出。利润是公司的生存根本，减少支出就相当于增加利润。从个人角度来说，做好资产管理工作对提高个人综合能力也有很大的帮助，因为资产管理工作涉及方方面面，从采购方面能够提升费用管理能力，从资产登记方面能够提升对物资的分类整理能力，从资产维护方面能够提升对资源合理分配能力及资产维保能力，从资产报废方面能够提升资源整合能力。因此，行政文秘走完采购、登记、维护、报废资产的整个流程，就会对资产管理有更深刻的认识。

🛈 案例分析

小张是某公司的行政文秘，负责管理公司 5 个部门的资产。一天，新采购的打印机到了，他马上对照着采购单进行核对，核对无误后签字收货，同时做好了资产登记工作。打印机投入使用后不久就有配件发生损坏，他急忙联系供货方维修，对维修费用做了正常报销。不久，他将维修好的打印机送到使用部门，使用部门夸赞小张事情办得不错。

分析：在这件事中，小张有做得好的地方，也有做得不够好的地方。他按照步骤做了验货、资产登记，还积极配合使用部门做好打印机的维修工作，这些都做得很不错。但他遗漏了几个小细节，他没有查看打印机的保修卡，也没有判断打印机是不是在保修期内损坏的。如果打印机是在保修期内损坏的，他可以要求供货方换货，这样做能节省维修费用。另外，他也没有询问打印机损坏的原因。如果是人为损坏的，就应该由责任人承担维修费用；如果是自然损坏的，就应该由公司承担维修费用。

常用清单及模板

常用清单

资产管理清单

常用模板

模板 1：资产台账

模板 2：资产盘点台账

模板 3：资产盘点计划表

模板 4：资产盘点报告

模板 5：资产报废明细表

模板 6：资产变卖比价表

模板 7：资产处理记录表

模板 8：资产总结报告

第 13 章

不能忽视的安全管理

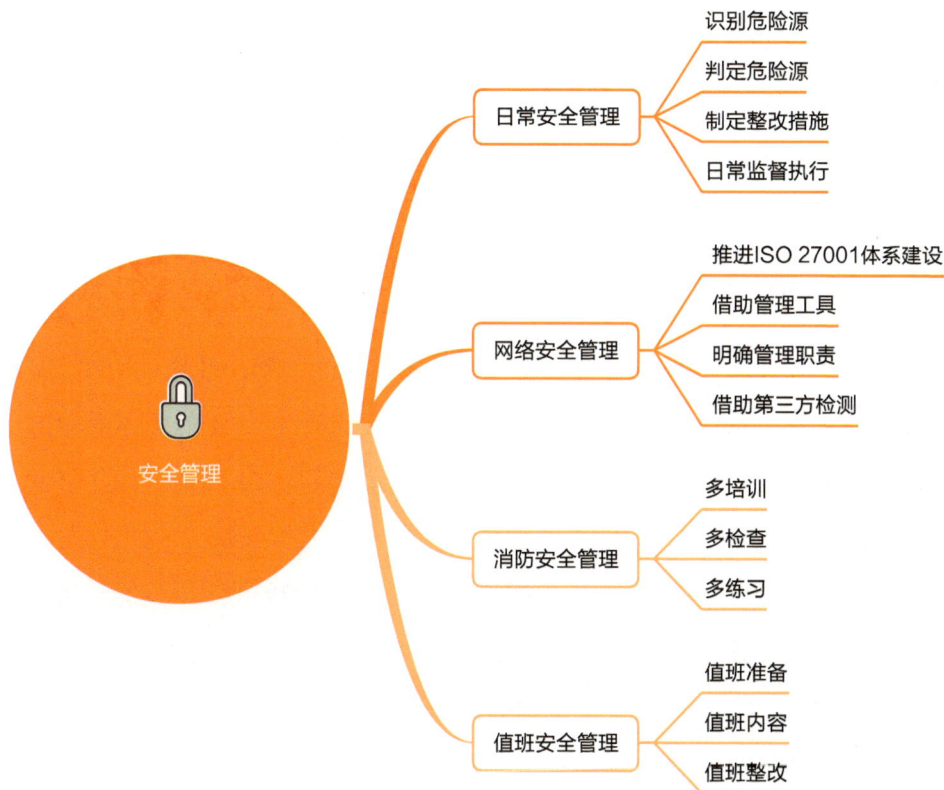

日常安全管理
- 识别危险源
- 判定危险源
- 制定整改措施
- 日常监督执行

网络安全管理
- 推进ISO 27001体系建设
- 借助管理工具
- 明确管理职责
- 借助第三方检测

消防安全管理
- 多培训
- 多检查
- 多练习

值班安全管理
- 值班准备
- 值班内容
- 值班整改

安全管理

　　保证公司安全和员工安全是公司持续发展的前提。本章主要从日常安全管理、网络安全管理、消防安全管理和值班安全管理四个方面介绍行政文秘涉及的安全管理工作。

13.1 日常安全管理

说到日常安全管理，就不得不介绍海因里希法则。简单来说，在机械生产过程中，每发生330件意外事故，就有300件未产生人员伤害，有29件会造成人员轻伤，有1件会导致人员重伤或死亡。

本节将从识别危险源、判定危险源、制定整改措施和日常监督执行四个方面阐述行政文秘在日常安全管理中需要注意的事项，以及相关工作应该如何推进。

1. 识别危险源

我们要从公司和员工的角度出发，先识别出危险源，再谈如何做好安全保障工作。企业可以从每一个岗位出发、从每一位员工的工作活动出发，确定危险类别并明确危险名称。从员工的角度出发，可以考虑从家到公司的路上会有什么风险，如公交车发生意外事故的风险、公司电梯发生故障的风险、办公室中人员发生碰撞的风险、用电的风险、卫生间滑倒的风险、食堂用餐安全的风险等。从公司的角度出发，可以考虑车辆的安全风险、食堂燃气的安全风险、设备操作的安全风险、行车的安全风险、高空坠物的安全风险等。

2. 判定危险源

危险源有重要与不重要之分，并非所有危险源都值得引起重视。我们可以通过 LEC 定量评价法给危险源定级。

$$D = L \times E \times C$$

在上式中，D 代表风险值，L 代表发生事故的可能性，E 代表暴露于危险环境的频繁程度，C 代表事故产生的后果。

L、E、C 值的确定方法如下。

（1）事故发生的可能性（L）（见表 13-1）。公司可以根据生产经营所涉及的活动和现场，采用现场调查法等识别出重大事故发生的可能性。

表 13-1　事故发生的可能性

L 值	事故发生的可能性
10	极有可能
6	相当可能
3	可能，但不经常
1	可能性小，完全意外
0.5	很不可能
0.2	极不可能
0.1	实际不可能

（2）暴露于危险环境的频繁程度（E）（见表 13-2）。

表 13-2　暴露于危险环境的频繁程度

E 值	频繁程度	E 值	频繁程度
10	连续暴露	2	每月暴露一次
6	每天工作时间内暴露	1	每年暴露几次
3	每周暴露一次	0.5	非常罕见地暴露

（3）发生事故产生的后果（C）（见表 13-3）。

表 13-3　事故产生的后果

C 值	产生的后果	C 值	产生的后果
100	大灾难，许多人死亡	7	严重，重伤
40	灾难，数人死亡	3	重大，致残
15	非常严重，一人死亡	1	引人注目，需要救护

（4）危险源风险评价结果（见表 13-4）。根据得分，危险源可以划分为一级危险、二级危险、三级危险、四级危险、五级危险。

表 13-4　危险源风险评价结果

D 值	级别	危险程度
≥ 320	一级	极其危险，立即整改
160 ~ 320	二级	高度危险，需要整改
90 ~ 160	三级	显著危险，需要注意
20 ~ 90	四级	一般危险，保持现有措施
< 20	五级	稍有危险，可以接受

公司可以将 $D ≥ 90$ 的危险源判定为不可接受危险。当然，公司也可以根据自己的情况确定可接受危险和不可接受危险。

3. 制定整改措施

我们可以尝试采用以下策略处理风险问题。

- 风险承担：风险在公司可接受范围内，可以不采取措施。
- 风险规避：公司要制定整改措施，消除风险，让风险不存在。
- 风险转移：将风险转移至上游供应商或下游客户。
- 风险转换：转换风险的性质。
- 风险对冲：增加一个与风险对应的控制措施，从而减少或消除风险。
- 风险补偿：损失发生前对风险承担进行经济补偿。
- 风险控制：采取控制措施将风险控制在某个范围内。

可能有人会问，到底应该选哪种策略？答案很简单，根据公司的实际情况确定。例如，清洁工拖地后一般会有水渍，容易导致行人滑倒，我们可能只需要立一个警示牌，就能有效避免此类事故的发生；办公大楼有发生火灾的风险，我们要制定应急预案，同时在适当的时候开展消防演习。当然，这些整改措施是否适用，还要看公司的实际情况。

制定好的整改措施必须通过培训、讨论等形式传达给员工，这样员工才能更好地防范风险，保证个人和公司安全。公司的宣传栏、文化宣传窗、OA 系统等都是很好的宣传平台。

4. 日常监督执行

行政文秘要监督整改措施的执行情况，只要员工有执行力，很多问题自然能得到解决。对于公司的制度，有的员工愿意执行，有的员工习惯应付了事。行政文秘应坚持工作原则，按制度行事。

13.2　网络安全管理

在万物互联、工业化与信息化深度融合的时代，网络安全管理愈发重要。

1. 推进 ISO 27001 体系建设

ISO 27001 类似于质量管理体系，是信息安全领域的管理体系标准。现在，很多公司都通过了 ISO 27001 认证，一方面能向供应商或客户证明自身的信息安全管理能力，另一方面能持续提升自身信息安全管理水平。

行政文秘往往会参与 ISO 27001 体系建设。如果公司已经有一套正在运行的质量或环境、安全管理体系，那么建议推进 ISO 27001 体系建设；如果只想解决应用系统的问题，可以开展信息安全等级保护工作。在推进

ISO 27001 体系建设时，可以请专业的咨询公司进行辅导，效果更佳。

2. 借助管理工具

要想维护网络安全，安全技术手段必不可少。例如，机房放置了许多关键的网络设备，就需要加装电子防盗门，配备不间断电源和恒温、恒湿设备。如果员工需要访问公司内部网络资源，就要为其设置访问权限。对于涉及关键技术的内容，加密软件是必要的管理工具。当然，也可以对单台设备进行物理隔离，以保证网络安全。

3. 明确管理职责

体系毕竟只是体系，工具毕竟只是工具，最后还是要靠人进行管理才能实现其价值。即便你手里有最好的工具，如果不使用它，也不能保证网络安全。

行政文秘主要从管理职责入手进行管理。例如，有些公司图省事，给所有员工都开通了解密权限，使加密软件成了摆设；更有甚者，有些公司领导随意开通系统，增加权限。这些都是网络安全隐患。

4. 借助第三方检测

公司一般很难自己发现网络管理中存在的问题，所以，大多数公司需要通过第三方检测机构找出网络安全漏洞。第三方检测机构通过一系列全面、系统的检查，可以出具一份完整的报告，告诉公司哪里有问题，哪些地方需要立即整改。

13.3　消防安全管理

消防安全很重要，特别是在高层写字楼集中办公的公司，更要重视消防安全。行政文秘要承担消防安全管理这一项重要职责。大楼日常的维护管理由物业公司负责，但公司不能把全部责任都推给物业公司。要想做好消防安全管理，就要做到三点：多培训、多检查、多练习。

1. 多培训

行政文秘要借助不同的渠道，运用不同的资源，利用不同的场景，时刻宣传消防安全知识。例如，某公司制订了消防安全年度综合计划，该计划包含培训时间、培训形式、培训讲师、培训考核等内容，工作事项按月分解到部门，每个部门都清楚自己要做的事情。

相关政府部门非常重视消防安全，通过各种渠道提供免费的培训教材，可以直接下载使用。有些公司的上级主管部门或物业公司甚至可以上门提供培训服务。一般情况下，公司都会设立一名安全管理员，负责制作相关课件、小视频，让员工随时随地学习。

培训有很多种形式，既可以把大家集中在一起培训，也可以开展有针对性的培训。

2. 多检查

纸上得来终觉浅。行政文秘要制作部门消防安全检查表，组织公司层级和部门层级进行检查，发现消防安全隐患，然后逐一整改。

网上有很多消防安全检查表模板可以参考。设计消防安全检查表时要注意两点。

第一，要有针对性。我们要根据经验为每个部门建立独立的消防安全检查表。表格可以分为上下两部分，上部分为通用部分，下部分为部门的专属部分，这样检查和考核更有针对性，更容易落实整改措施。

第二，根据消防安全重要性，赋予不同检查项目不同的权重。有了消防安全检查表，接下来就要做好检查。我们要制订计划，明确一年检查多少次，每次检查的重点区域是哪里，参与检查的人员有哪些，人员如何分工，对检查人员有什么样的要求等。检查方式既可以是集中检查，也可以是滚动检查。但必须注意，检查人员一定要专业。我们很多时候会与领导一起检查，但实际上检查的效果并不理想，因为领导可能不懂专业内容。

哪里检查出问题，就整改哪里。大问题要整改，小问题也要整改。例如，在检查中发现电线随意拖拉、消防沙容量不足、消防广播不能用、应急灯不亮等问题，都要让工程部、责任部门立即整改。

3. 多练习

多练习的目的是让大家养成习惯，既包括日常的消防安全意识，也包括紧急状态下的应急行动。两者都很重要，只有平时多练习，关键时刻才能应对自如。

（1）日常的消防安全意识

日常发现问题，就要快速整改。检查不能替代整改，公司应该营造良好的氛围，让所有员工都关注消防安全。一些公司举办"找公司消防安全漏洞"活动，让员工积极参与消防安全管理。公司也可以建立长效机制，例如，员工提出对改进消防安全有用的建议，一经采纳，即时给予奖励。举办类似的活动可以培养全体员工的消防安全意识，帮助公司把消防安全工作做到位。

（2）紧急状态下的应急行动

俗话说："养兵千日，用兵一时。"我们平时培训、检查、考核、整改，就是为了在关键时刻能够保证公司和员工安全。因此，公司要定期开展消防演习，让员工清楚面对危险时应该怎么办。多演习几次，慢慢地大家就会形成习惯了。

13.4　值班安全管理

下面从值班准备、值班内容、值班整改三个方面介绍值班安全管理。

1. 值班准备

不同公司的值班目的可能不一样，有的公司是为了处理紧急事务，有的公司是为了监督员工工作，有的公司是为了接待客户，有的公司是为了保证网络正常运行。只有了解清楚值班目的，才能确定值班人员。例如，如果是为了接待客户，职能部门和用人部门都可以值班；如果是为了处理紧急事务，就需要安排至少部门级以上领导值班，因为值班人员需要拥有一定的资源调动权。

明确值班人员后，就可以确定值班人员的工作职责和工作处理流程，例如，发生工伤应该如何处理、如何上报，发生环保问题应该如何应对。也就是说，对于值班可能会遇到的各类问题，都要有明确的规定和处理流程。如果职责划分不清晰，处理流程不完善，值班人员遇到问题时只能给领导打电话，值班就没有意义了。

2. 值班内容

一般情况下，应针对值班要检查的内容制作值班点检表，其内容主要包括检查地点、检查内容、检查要求、检查现状、发现的问题及整改要求等。值班点检表要根据检查目的制作。在值班点检表里，要说明点检方法及要求。因为每次值班人员都不一样，所以值班点检表的设计要简洁明了，让值班人员一看就懂。

在值班点检表中，要有检查时间要求，列清楚几点巡查、巡查多久、巡查几次等。当然，值班点检表不可能解决所有问题，只要能解决值班的主要问题就可以了。

3. 值班整改

如果值班人员在值班时草草填写值班点检表，行政文秘检查时也不认真，值班就毫无意义。行政文秘承担着安全管理的职责，因此一定要主动了解值班人员在值班过程中发现了哪些问题，值班人员有什么建议，哪些建议可以纳入新的值班流程。

行政文秘可以制作任务跟踪表，让后面的值班人员对前面值班人员发现的问题进行整改和确认，或者让值班人员自行跟踪，整改自己发现的问题。这两种方法各有利弊，可以根据实际需要选择。

在月末或年底，对之前发现的所有问题做一次整理、汇总，包括问题数量、问题类型、解决情况等，这样既有利于管理水平的提升，也能够体现值班的真正价值。

！ 案例分析

　　某公司在某写字楼的 10 层租了办公室，该写字楼的物业公司每年都会组织各楼层的业主单位开展消防演习。今年，物业公司照例给各业主单位发了消防演习通知。行政文秘接到通知后，在公司群里通知了全体员工。一位员工因之前出差未接到通知，不清楚当天的演习内容，匆忙下楼时不慎摔倒，导致脚踝扭伤。这位员工以未接到消防演习通知、公司安排不当造成伤害为由，要求公司予以赔偿。

　　分析： 行政文秘在这个过程中有一定的失误。

　　（1）开展消防演习前要通知全体员工，并确认全体员工已经收到通知。本案例中行政文秘不清楚这位员工出差，也没有确认这位员工是否收到了通知。

　　（2）这位员工自己也有责任，安全意识不强，应急能力差，保护自身的能力也不足。

　　综上所述，对于这位员工提出的赔偿要求，公司可以按工伤管理办法予以处理。

常用清单及模板

常用清单

　　安全管理清单

常用模板

模板 1：危险源辨识调查评价表

模板 2：网络安全物理环境检查表

模板 3：消防点检表

模板 4：值班记录表

模板 5：节假日值班点检表

第 14 章
保密工作为公司撑起防护罩

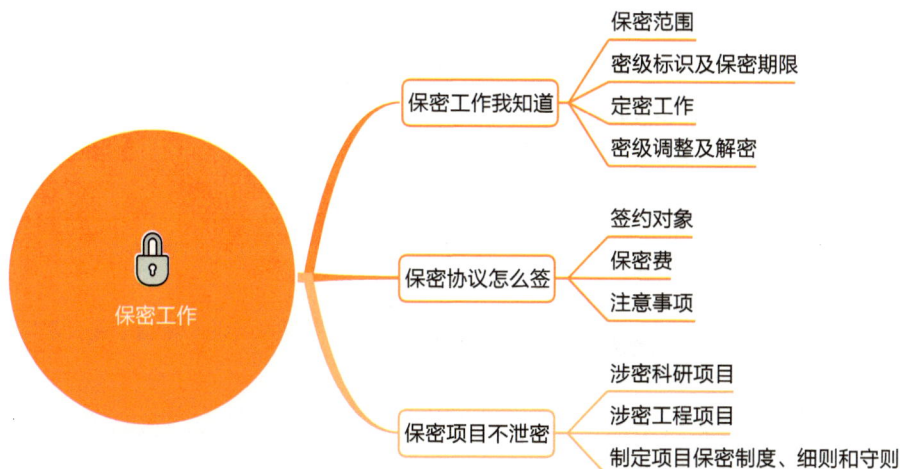

对公司的每位员工来说，上到公司的战略计划，下到公司的业绩数据，都是公司的商业秘密，都要严格保密，不能随意向外界透露。对公司来说，保密工作有巨大的现实意义和价值。不过，保密工作具体执行起来确实有很大的难度。本章主要介绍如何有效建立保密工作体系。

14.1 保密工作我知道

保密工作通常涉及保密范围、密级标识及保密期限、定密工作、密级调整及解密等。

205

1. 保密范围

公司秘密通常分为商业秘密与一般保密信息。商业秘密主要涉及公司管理层，而一般保密信息主要涉及公司员工，二者有一定的差别。秘密分类如表 14-1 所示。

表 14-1　秘密分类

分类	保密范围	涉及人员
商业秘密	绝密	董事会成员、总经理、监事会成员及与绝密内容有直接关系的工作人员
	机密	总监（助理）级别以上干部及与机密内容有直接关系的工作人员
	秘密	部门经理级别以上干部及与机密内容有直接关系的工作人员
一般保密信息	—	公司员工

在不同的公司中，商业信息密级划分标准会有所不同，具体的分类方式和命名规则也会有一定的差别。一般来说，公司会参考秘密等级划分标准，把商业秘密分为绝密、机密、秘密三类（见表 14-2）。

表 14-2　密级划分

密级	定义	具体内容
绝密	一旦泄露会使公司遭受特别严重的损害	公司股权结构、产品生产工艺、产品设计技术、生产工艺流程、生产技术参数、产品生产配方、工业配方、化学配方、制作工艺、制作方法、计算机程序、产品生产成本、质量控制方法、利润率、公司科研成果、科研论文、应用试验、新产品、新技术、原材料来源、原材料价格等
		公司发展规划、战略方针、竞争方案、市场营销策略、客户名单、货源、产销策略、财务状况、投融资计划、标书标底、谈判方案、重大商务谈判相关内容等
		按规定属于绝密级别的档案

（续表）

密级	定义	具体内容
机密	一旦泄露会使公司遭受严重损害	尚在讨论中、暂未确定的公司重要人事变动和调整计划
		公司与外部高层人士、科研人员来往情况
		公司薪酬制度、人才梯队建设计划
		公司公章、法人章、财务专用章、对公账号、保险柜密码、财务预算报告、财务决算报告、财务统计报表等
		获得竞争对手情况的方法、渠道
		按规定属于机密级别的档案
秘密	一旦泄露会使公司遭受损害	消费市场调查报告、市场潜力调查报告、未来新产品市场预测报告等
		广告策划方案、营销策划方案
		生产、技术、财务部门的安全保卫措施
		按规定属于秘密级别的档案

公司在对外开展商务合作或交易的过程中，涉及第三方并受合同约束需要承担保密义务的内容或信息一般不划定为商业秘密，而是划定为一般保密信息，公司及员工应承担保密义务，必要时可签订保密协议。

2. 密级标识及保密期限

密级标识有固定的格式：密级★保密期限。如果没有明确的保密期限，默认绝密为 30 年、机密为 20 年、秘密为 10 年。

涉密信息有很多种存储形式，有 Word、Excel、PPT 等各类电子文档，有纸质版原件、复印件、扫描件等，还有音频、视频等各种资料。有封面的，可在保密载体封面右上角打密级标识；没有封面的，可在首页打密级标识。

对于保密期限，不少人有一种错误认知：在公司上班时要守口如瓶，但离职后就不需要保密了。如果是一般保密信息，只要员工不在这家公司上班，公司确实不能再要求员工保密。但如果是商业秘密，即便员工已经离职，也要承担保密义务。很多公司为了保护商业秘密，与员工签订保密协议时会把保密期限约定到离职后两到三年。这种做法其实不够严密，最好把保密期限设置成离职后尽可能长的时间。另外，一般保密信息的保密期限也建议延长到离职后两到三年。商业秘密是关乎公司生死存亡、长远发展的重要信息，一旦泄露，就会给公司带来重大损失。

3. 定密工作

做好保密工作的第一步是定密。定密是指为了保护公司利益不受损、重要信息不外泄，经过一定的梳理后将某些事项列为秘密的过程。在一定时期内，这些秘密只允许一定范围内的人知晓。由此可见，定密工作是确保各项保密工作有效落地的基础。定密要先解决"什么要保密"的问题，进而解决"如何划分密级"和"需要哪些人保密"等问题。只有做好定密工作，才能避免管理上的混乱，明确区分哪些是秘密，哪些不是秘密，并在保护公司秘密的基础上，保证公司正常的内外部信息交流、传递和共享。

定密时需要填写定密申请表（见表14-3），按相关要求填写申请部门、申请人、申请日期、具体保密内容等信息，然后报相关部门审批，审批通过后即可生效。

表 14-3　定密申请表

申请部门		申请人	
申请日期		岗位定密	
设备基本情况			
设备型号		采购日期	
设备类型	□台式计算机（整套）　□打印机　□复印机　□便携式计算机 □台式主机　□显示器　□U盘　□移动硬盘　□硬盘 □其他（　） （注：一张表单只能选择一种设备。）		
申请密级	□机密　□秘密		
受控编号		（硬盘）序列号	
申请设备用途	申请人签字：		
技术部意见	签字：　　　　　　　　　　　　　　　　　　年　月　日		
保密办公室意见	签字：　　　　　　　　　　　　　　　　　　年　月　日		
分管保密工作 负责人意见	签字：　　　　　　　　　　　　　　　　　　年　月　日		
保密委员会意见	签字：　　　　　　　　　　　　　　　　　　年　月　日		
备注			

4. 密级调整及解密

根据公司的实际需要，有时保密事项的密级和保密期限需要变更，申请变更的人员须填写密级变更申请表（见表 14-4），经保密工作领导小组审批通过后方可变更。

表 14-4 密级变更申请表

<table>
<tr><td colspan="5">密级变更申请表
编号：</td></tr>
<tr><td colspan="5">项目名称：</td></tr>
<tr><td>原定密级</td><td colspan="2">□秘密 □机密 □绝密</td><td>原定保密期限</td><td>____年</td></tr>
<tr><td>拟变更密级</td><td colspan="2">□秘密 □机密 □绝密</td><td>拟变更保密期限</td><td>____年</td></tr>
<tr><td rowspan="2">项目负责人
信息</td><td>姓名</td><td></td><td>涉密情况</td><td>□非涉密 □一般 □重要 □核心</td></tr>
<tr><td>联系
电话</td><td></td><td>所属部门</td><td></td></tr>
<tr><td colspan="5">项目负责人意见：

知悉范围：

负责人（签字）：   年 月 日</td></tr>
<tr><td colspan="5">部门审核（批）意见：
　1. 密级：□秘密 □机密 □绝密。保密期限：____年。
　2. 其他意见：

领导（签字）：   年 月 日</td></tr>
<tr><td colspan="5">公司审核（批）意见：

经办人（签字）：　　　　　　　　　　　　领导（签字）：
　　　　年 月 日　　　　　　　　　　　　　　　年 月 日</td></tr>
<tr><td>备注</td><td colspan="4"></td></tr>
</table>

注：1. 机密级以上项目的密级变更须由主管领导审批；
　　2. 本表一式二份，科技处留存一份，项目负责人留存一份（项目完成后归档）。

每年定期清理归档文件，已经过了保密期限的或没有必要保密的文件可集中处理；先填写解密申请表，经部门领导、保密工作领导小组审批通过方可解密文件。

14.2 保密协议怎么签

1. 签约对象

为了维护公司的核心商业秘密，公司通常会与相关员工签署保密协议。哪些员工需要签订保密协议、协议要涵盖哪些内容应根据部门、岗位或员工可能涉及的工作内容而定。签约对象与签约理由如表 14-5 所示。

表 14-5 签约对象与签约理由

签约对象	签约理由
高级研发人员、高级技术人员、中高层管理人员	这些人通常参与或主导公司的核心技术项目，承担公司的重要管理工作，掌握着公司的重要经营数据
助理级研发人员，关键岗位的研发、生产、技术人员	这些人通常作为上一层级人员的助理或团队骨干，有较大可能接触企业核心项目和技术
市场人员、计划人员、销售人员	这些人是公司经营决策的执行者和实施者，掌握公司的市场策略、营销计划及主要客户
人力资源部和财务部主责人员、档案管理人员、规划设计人员	这些人主要是公司各职能部门核心岗位人员，熟知各个领域的商业秘密，尤其是薪酬信息、公司资产负债情况等

员工入职时，公司会与其签订劳动合同，在劳动合同标准文本中有基本的保密条款。但是，劳动合同中的保密条款相对宽泛，对于保密内容、期限及违反保密条款的补偿等一般没有明确规定。因此，建议公司与表14-5 中列出的签约对象单独签订保密协议。

2. 保密费

可能会有人问，公司要求我保密，是否需要支付保密费？一般情况下，因为公司已经给员工发放了工资，所以不再额外支付保密费。不过，公司在员工离职时支付保密费也有一定的积极作用，既能增强员工保密的自觉性，也可以有效防止员工离职后泄露保密信息。公司也可以通过与员工签订竞业限制协议实现这一目的，一旦签订该协议，公司必须每月向离职员工支付补偿金。按照相关规定，公司应该以员工离职前 12 个月的平均工资为标准，按 30% 的比例支付补偿金。当然，在实际执行时，公司既可以参照标准执行，也可以与员工协商确定具体金额。

3. 注意事项

（1）保密协议的内容要尽量全面、详细，把签约对象、内容、保密范围、保密期限、违约责任等都写清楚，保证没有歧义。

（2）违约责任一定要明确。如果员工违反了保密协议，公司可以根据违约情况、公司受损失程度等向员工追责。程度低的，员工要承担民事责任；程度高的，员工要承担行政责任；程度非常高的，员工要承担刑事责任。

（3）员工保密费与保密经济补偿一定要区分开，具体的金额、发放形式等细节都要在协议里写清楚。

（4）合理约定竞业限制条款。员工离职后，一般都会在同行业内流动。所以，对于掌握公司重要商业信息的核心员工，公司应与其签订竞业限制条款，这样可以有效防止核心员工离职后去竞争对手公司就职。当然，公司也不能无限期限制员工择业，所以竞业限制条款的期限一般不超过三年。签订竞业限制条款往往意味着公司要给离职员工支付补偿金，所以公司一般不会与所有员工签订该条款。在签订该条款时，公司一定要明确员工的责任和义务，写明在什么情况下才会给予补偿，以及发放补偿的具体金额和方式。

（5）保密协议不是一成不变的，随着公司的发展变化，其内容需要及时更新。

14.3　保密项目不泄密

重点项目往往涉及巨大的金额，所以我们要特别重视重点项目的保密工作。下面以涉密科研项目及工程保密项目为例说明公司在项目保密方面需要做哪些工作。

1. 涉密科研项目

（1）定密责任主体

保密工作组是定密责任主体，项目责任人应根据公司要求和项目方要求填写涉密事项一览表（见表 14-6）。

（2）定密范围

涉密科研项目的定密范围及公司文件、材料的定密范围如表 14-7所示。

表 14-6　涉密事项一览表

公司/部门名称						填报人				填报日期			
序号	涉密科研项目基本情况							载体衍生基本情况						备注
	项目名称	项目类别	负责人	执行周期	合同编号	项目来源	密级	保密期限	名称	产生时间	密级	保密期限	定密责任人	知悉范围	
1															
2															
3															
4															
5															
6															
7															
8															

表 14-7　定密范围

类别	定密范围
涉密科研项目	从项目立项到项目完成的过程中各环节（如调研、预研、出具可行性报告、提交申请书、提交项目建议书、签订合同、签订协议、提交项目文件、提交总结、提交成果文件等）产生的小结、报告、部分软件程序、实验数据等阶段性成果
公司文件、材料	公司各职能部门在工作中形成的各类密级文件、材料及有关报表等

（3）定密程序

在项目合同、技术协议里，一般都会明确提出对项目密级和保密期限的要求。根据这些要求，项目负责人主导完成整个定密流程（见图 14-1）。

项目负责人登记项目信息，
部门审核
①
· 公司科研项目密级审定表
· 公司涉密项目基本信息登记表
· 公司涉密人员基本信息登记表

②
公司文件、材料起草人定密级，
部门审核
· 公司发文稿纸
· 公司文件、材料密级审批表

③
主管领导审批，
发文机关备案

图 14-1　定密流程

第一步，项目负责人按照公司要求，填写科研项目密级审定表（见表 14-8）、涉密项目基本信息登记表（见表 14-9）和涉密人员基本信息登记表（见表 14-10）。

表 14-8　科研项目密级审定表

项目名称		项目负责人			
项目内容					
申报密级		保密期限	年　月　日至　　年　月　日		
定密依据	1.《中华人民共和国保守国家秘密法》第　条第　项第　款的规定 2.任务书及合同、技术协议等材料所标定的密级				
申报部门初审意见	经审查，该项目定密依据属实，拟同意定_____密级 签字（章）：　　　　年　月　日				
定密小组审核意见	经审查，该项目定密依据属实，拟同意定_____密级 签字（章）：　　　　年　月　日				
保密工作委员会 / 领导小组审议意见	 签字（章）：　　　　年　月　日				

表 14-9　涉密项目基本信息登记表

项目名称				
项目负责人		合同价款	万元	
所在部门				
工作地点				
项目来源	自研			
	合作			
	其他			
申报密级	□绝密　□机密　□秘密	项目类型	□科研　□生产　□管理 □其他	

（续表）

确定密级依据	1.《中华人民共和国保守国家秘密法》第　条第　项第　款的规定 2.任务书及合同书、技术协议等材料所标定的密级
项目实施期限	年　月　日至　　年　月　日
拟定涉密岗位	科研岗（　）个，生产岗（　）个，管理岗（　）个，其他岗（　）个，重要涉密岗（　）个，一般涉密岗（　）个
保密期限	年　月　日至　　年　月　日
合同内容	简洁描述（可附合同或任务书、委托书复印件）

表 14-10　涉密人员基本信息登记表

姓名		性别		民族	
出生日期		文化程度		政治面貌	
家庭住址					
所属部门		身份证号码			
本人学习工作简历					
家庭成员社会关系情况					
实际表现					
保密办审核意见			审核人： 　年　月　日		
保密工作委员会/领导小组审议意见			批准人： 　年　月　日		

第二步，登记好信息后，由项目负责人所在部门进行审核。部门领导参照任务书、合同和技术协议，认真核对前面三张表的内容，确认没有问

题后签字。然后，文件、材料起草人根据公司保密规定，确定项目密级，填写文件、材料密级审批表（见表14-11），由部门领导审核。最后报主管领导审批，报发文机关备案。

表 14-11　文件、材料密级审批表

文件、材料名称		负责人	
文件、材料主要内容			
申报密级		保密期限	
定密依据			
部门领导初审意见	经审查，该项目定密依据属实，拟同意定＿＿＿密级 签字（章）：　年　月　日		
主管领导审批意见	 签字（章）：　年　月　日		

（4）招投标阶段保密工作

对涉密科研项目来说，招投标阶段往往有比较大的泄密风险，因此需要做好相关的保密工作。

● 对于项目在整个招投标过程中产生的信息、图纸、文件、资料等，必须严格保密，明确限定知晓人范围、责任人及违约责任。

● 严格控制信息流通，未经允许和审批，不可以将项目信息告知他人或复制使用。

- 如果需要使用项目信息，必须经过审批。

（5）保密期限

不同项目的保密期限一般不同。一般来说，如果上级单位已经有明确的规定，就要遵守规定。如果上级单位没有明确的规定，就要看项目密级及项目所处阶段（如研制阶段、保存阶段）。不同项目的保密期限如表 14-12 所示。

表 14-12　不同项目的保密期限

项目类型	保密期限
上级单位有明确规定的	以上级单位或甲方的保密期限为准
秘密级项目	项目研制期后延 5 年（不超过 10 年）
机密级项目	项目研制期后延 10 年（不超过 20 年）

2. 涉密工程项目

（1）遵守保密原则

依照保密规定，对招标公司、项目信息、项目技术等须严格保密。实行点对点封闭式管理，严防信息外泄。安排专人专室保管项目图纸等重要资料，责任落实到人。全过程监控，一旦出现问题，立即处理。

（2）建立组织

项目负责人挑选合适的成员成立项目保密工作组。项目保密工作组成员应来自多个岗位，由项目负责人担任组长（见图 14-2）。

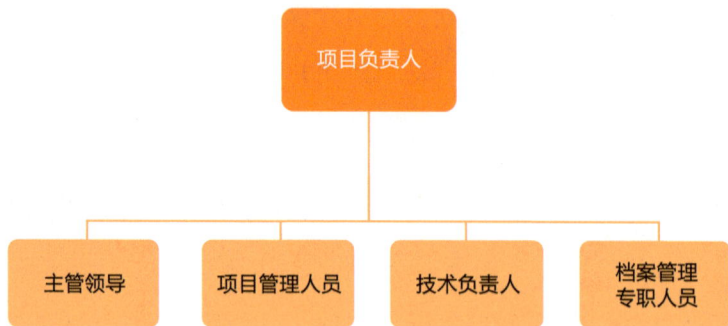

图 14-2　保密工作组

（3）明确保密内容

保密内容包括工程项目技术方案、各类工程图件、地理位置资料等（见图 14-3）。

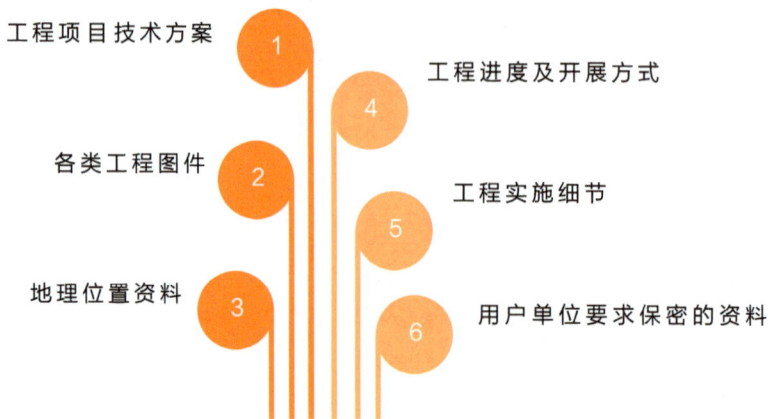

工程项目技术方案　1

工程进度及开展方式　4

各类工程图件　2

工程实施细节　5

地理位置资料　3

用户单位要求保密的资料　6

图 14-3　保密内容

3.制定项目保密制度、细则和守则

为了保证项目秘密不外传、不外泄，公司一般会制定项目保密制度、保密细则和保密守则等，从制度上明确保密范围、保密内容和行为规范等。保密制度具有规范化、标准化、专业化的特点，保密措施具有强制性。国企、外企一般都有比较完善的保密制度，各类公司在建立保密制度时可以参照。

（1）项目保密制度（参见本章附赠模板）

（2）项目保密细则（见图 14-4）

项目保密细则

1. 工程项目技术方案由起草者保管，不得向其他部门及外单位人员透露工程项目技术方案的内容。

2. 对使用单位的需求情况由项目负责人落实并保证不得向外界透露，并以书面形式传递给档案管理人员和技术负责人。

3. 所有项目人员必须接受保密宣传教育，统一签订保密协议，严格遵守项目保密细则和项目保密守则。

4. 档案管理人员将以上信息以书面、电子等方式存档，公司员工在借阅时必须获得领导同意并确定借阅时间。

5. 档案管理人员不得将涉密文件带回家或带涉密文件出入公共场所，相关人员不得随意谈论、泄露秘密，不得私自打印、复印、抄录涉密文件，不得将他人带入档案室，不得外传、外借相关资料。

6. 起草、打印、复印涉密文件时由专人负责，其他人不得随意查看。

7. 打印产生的废纸和校对底稿须及时清理、销毁。

8. 签订合同后，相关文档和资料立即存档，建立符合保密要求的借阅制度。

9. 发生泄密事件后，须立即上报公司负责人，不得扩散秘密，同时追究责任人。

图 14-4　项目保密细则

（3）项目保密守则（见图 14-5）

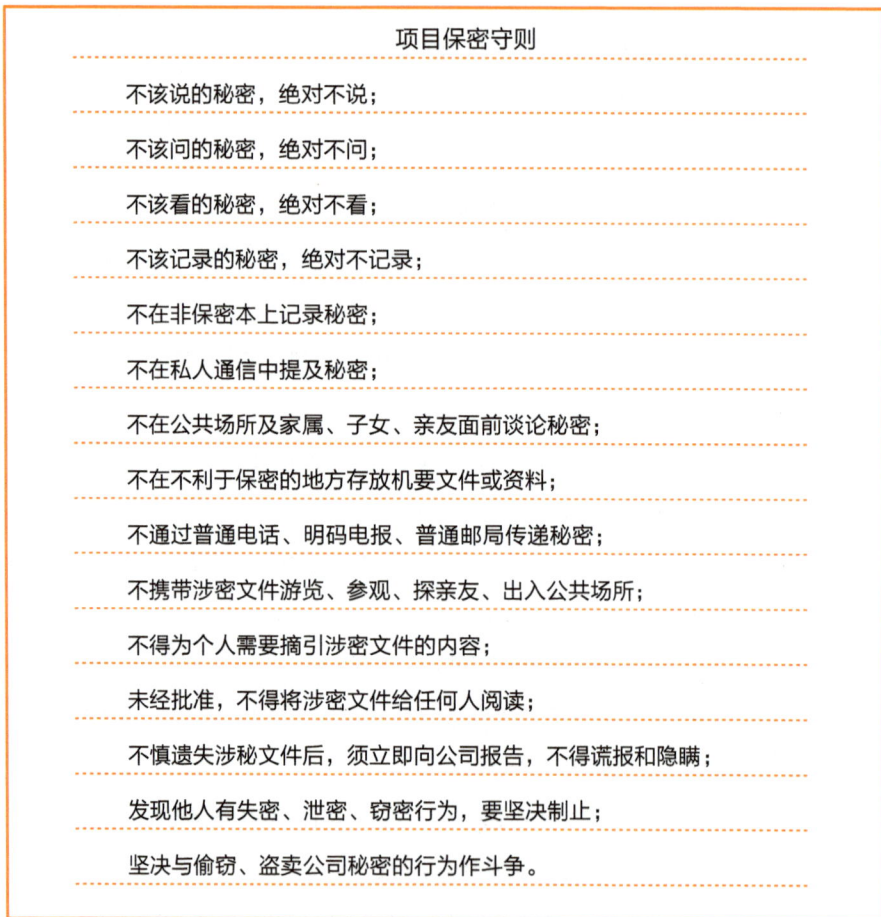

项目保密守则

不该说的秘密，绝对不说；

不该问的秘密，绝对不问；

不该看的秘密，绝对不看；

不该记录的秘密，绝对不记录；

不在非保密本上记录秘密；

不在私人通信中提及秘密；

不在公共场所及家属、子女、亲友面前谈论秘密；

不在不利于保密的地方存放机要文件或资料；

不通过普通电话、明码电报、普通邮局传递秘密；

不携带涉密文件游览、参观、探亲友、出入公共场所；

不得为个人需要摘引涉密文件的内容；

未经批准，不得将涉密文件给任何人阅读；

不慎遗失涉秘文件后，须立即向公司报告，不得谎报和隐瞒；

发现他人有失密、泄密、窃密行为，要坚决制止；

坚决与偷窃、盗卖公司秘密的行为作斗争。

图 14-5　项目保密守则

案例分析

某公司的一位员工无意中在网上发现了本公司的涉密文件。经过一番调查，他发现这些文件都是由同一家公司上传的。该公司是一家外包公司，承包了本公司的档案管理业务。原来，外包公司的小李负责两家公司之间的接洽工作，看着手里的一大堆资料，就动起了歪心思。他把文件上传到网盘，在网上卖起了资料。结果，小李的"发财梦"还没醒，这件事就被曝光了。

分析： 行政文秘要严格执行保密制度，同时约束好本公司员工和外包公司员工，把泄密风险扼杀在萌芽状态。一旦发生泄密事件，不用慌张，迅速确定泄密情况，快速处理泄密人员，把泄密危害控制在最小范围内。在平时的工作中，一定要定期检查，发现漏洞要及时修补。

常用清单及模板

常用清单

保密工作清单

常用模板

模板 1：涉密事项申报审批表

模板 2：涉密事项变更审批表

模板 3：涉密事项解除审批表

模板 4：秘密确定、变更和解除统计表

模板 5：员工保密协议

模板 6：涉密事项一览表

模板 7：科研项目密级审定表

模板 8：涉密项目基本信息登记表

模板 9：涉密人员基本信息登记表

模板 10：文件、材料密级审批表

模板 11：项目保密制度

第三篇 **03**

专项素质：行政文秘
应该具备的 4 种管理能力

第 15 章

时间管理："时间管理四步法"助你高效利用时间

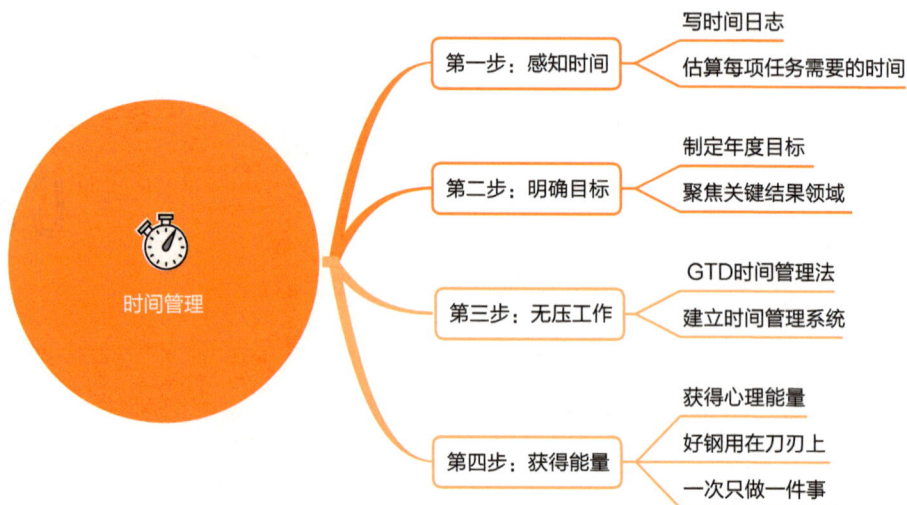

有人说，时间既是生产资料，也是消费资料，既是投资品，也是消费品。有的人点一杯咖啡就能坐一下午，对这些人来说，时间就是消费品。很多人每天加班加点地工作，对这些人来说，时间就是投资品。每个人都是自己过去的产物，我们的今天是由昨天决定的。

要做好时间管理，就要把时间的效能发挥到最大，这里推荐大家使用"时间管理四步法"。

15.1　第一步：感知时间

1. 写时间日志

柳比歇夫是一位传奇人物，他生前发表了 70 多部横跨多个学科的学术著作，一生成就无数。其中，最被人称道的是他在 26 岁时创造的时间统计法。他把自己在每件事上花了多少时间都记录下来，再利用统计和分析方法，对这些记录进行月度小结和年终总结。他保持这个习惯直到逝世，整个过程持续了 56 年。

通过柳比歇夫的记录（见图 15-1），我们可以清晰地看到柳比歇夫完成每件事所花费的时间。

柳比歇夫的一天

乌里扬诺夫斯克　1964年4月7日

1. 分类昆虫学（画两张无名袋蛾的图）（3小时15分）

2. 鉴定袋蛾（20分）

3. 附加工作：给斯拉瓦写信（2小时45分）

4. 社会工作：植物保护小组开会（2小时25分）

5. 休息：给伊戈尔写信（10分），读《乌里扬诺夫斯克真理报》（10分）

6. 读列夫·托尔斯泰的《塞瓦斯托波尔纪事》（1小时25分）

基本工作时间合计：6小时20分

图 15-1　柳比歇夫的记录片段

柳比歇夫详细记录了自己每天在每件事上花费了多长时间，所以，不管做什么事情，他都很清楚需要多少时间。在《论生物学中运用数学的前景》最后一页的手稿上，他留下了图 15-2 所示的信息。

准备（列提纲、翻阅其他手稿和参考文献）	14小时30分
撰写	29小时15分
共花费	43小时45分
共8天，1921年10月12日至19日。	

图 15-2　柳比歇夫在手稿上留下的信息

柳比歇夫的时间记录法把时间管理变成简单的"记录—计算—分配"，听起来好像很难，但实际操作起来却很简单。你可以先打印一张表格或准备一张空白 A4 纸，然后开始尝试感知时间。具体操作方法是，在开始一项任务时，记录开始时间，然后保持专注，结束时再次记录时间（见表 15-1）。

表 15-1　时间日志 1

时间	任务	实际花费的时间	满意度（0 ~ 10 分）

如果之前你没有这样记录过时间，可以尝试着记录一天。你会发现，明明感觉自己专心学习了好几个小时，一看时间，才过去一个半小时；只不过在屋里转了两圈，回复了几条消息，竟然已经过去了半个小时。时间流逝的实际速度与我们的感受竟然有如此之大的差别。一天结束后，花 15 分钟计算每项任务花费的时间，然后根据满意度打分。

2. 估算每项任务需要的时间

第二周，我们可以调整时间日志的格式：写下任务、开始时间，根据前一周的记录，估算每项任务需要的时间，等每项任务结束时，再记录结束时间（见表 15-2 ）。

表 15-2　时间日志 2

任务	开始时间	结束时间	预计花费时间	实际花费时间	满意度（0 ~ 10分）

只要持续对比预计花费时间和实际花费时间，我们就可以慢慢培养出时间感知度。培养时间感知度对我们来说非常重要，因为我们通常会低估一项任务的难度，尤其是在之前从未做过这项任务时。如果没有在预估时间内完成某项任务，其他任务的完成时间很可能也会推迟。任务没有完成还会让我们陷入负面情绪。我们只有通过完成一项任务获得成就感和掌控感，才愿意一次又一次地尝试新任务。

15.2　第二步：明确目标

1. 制定年度目标

经过前面的学习和实践，现在我们可以开始尝试制定年度目标。在制定年度目标时，主要有三个关键点。

（1）目标要少定。制定年度目标的关键是懂得取舍，一般不宜超过三个。这样做的好处是可以筛选出自己今年最想实现的目标是什么。

（2）目标要聚焦。目标确定后，就不要动摇。未来一年不管做什么事，都要始终围绕着这个目标。

（3）目标要具体，不要制定"假大空"的目标。

- "假目标"。例如，早上你发现去年买的衣服已经穿不上了，你立即决定今年要减肥。这样的目标不是真目标，因为它并不是你内心深处真正想做的、一定要做成的事。
- "大目标"。例如，你决定每天走一万步锻炼身体。偶尔走一万步确实不难，这件事难在"每天"，每天做同一件事是很难实现的。
- "空目标"。例如，你决定无聊时少看手机。这根本不能算目标，怎么定义"无聊"？根本无法执行的目标不是目标。

设定目标时，要遵循 SMART 原则。

- Specific：具体的。
- Measurable：可衡量的。
- Attainable：可以达成的。
- Relevant：与其他目标相关的。
- Time-based：有明确时间期限的。

按照 SMART 原则，我们可以将前面的目标修改成以下目标：

- 今年减肥 8 千克；
- 每周走 7 万步或每月走 30 万步；
- 利用碎片时间，在 3 个月内读完一本书。

定好年度目标后，我们可以先把它们放到一边，不要总是想着这些目标。既然是年度目标，就不可能是在一个月或几个月内实现的，天天看着这些目标反而会让人变得焦虑。接下来，你需要把注意力放到关键结果领域上。

2. 聚焦关键结果领域

有时你会发现，自己什么都没干，一下午就过去了。而且，身边每个人都在"抢夺"你的时间，领导、同事、客户都希望你把他交办的事放在第一位，都想获得你的注意力。时间总是宝贵的，我们要把注意力放在最值得做的事上。

二八原则表明，20% 的工作产出 80% 的成果。这意味着，只要你把关键结果领域的工作做好，工作成果就能让你大体满意。

如何判断一项工作是否在关键结果领域？我们可以观察身边工作能力强的同事都在做什么，也可以直接向领导请教自己应该把重心放在哪些工作上，还可以阅读业内专家的文章，或者向业内资深人士、资深 HR 请教。我们要找出关键结果领域，尽量聚焦这个领域，坚持优先完成关键结果领域的工作。

每个月底做一次总结，对照年度目标，查看工作进度。如果方向偏了，就尽快纠偏；如果做得很好，就及时奖励自己，这样可以让自己更有动力去实现年度目标。

15.3　第三步：无压工作

行政文秘如何在短时间内快速处理多个工作事项呢？要想很好地解决这个问题，就要建立一套时间管理系统，这是一套搜集、记录各类待办事项，自动对其分门别类，使其依次进入待处理环节，实现流水线式处理的事务管理系统。对行政文秘来说，学习时间管理的目的是高效处理大量工作。

1. GTD 时间管理法

GTD 的全称是 Get Things Done，源自《搞定》一书。在 GTD 时间管理法中，所有事情都可以按照图 15-3 所示的流程处理。

（1）2 分钟原则

如果一件事在 2 分钟内可以完成，现在就去做。因为只有当一件事做完了，它才会彻底离开我们的脑子。在这件事没做完之前，它会不时跳出来提醒你：这里还有一件事没有做。我们有时会感到时间压力，只是单纯因为还有事没做完，而不是这件事很难做。

（2）转移原则

如果某项工作不在你的职责范围内，那么你可以把它交给适合的人去做。例如，你负责收集本月的述职报告，有些同事交给你的述职报告存在一些错误，你当然可以顺手帮他们改正，但是你最好让他们自己改正。

（3）立刻原则

如果出现一些很紧急且必须立刻处理的事情，就只能暂停手中的工作，先处理更紧急的事情。

（4）任务列表

任务列表是使用频率很高的时间管理工具，每天要完成的工作都被记录在里面。行政文秘的日常工作十分琐碎，"还有事没做完""是不是遗漏了某件事"等想法都会造成压力。把所有的任务都记录到任务列表里，不仅能避免遗忘，节约回忆的时间，还能有效地缓解这种压力。

```
              ┌─────────────────┐
              │    接到的任务     │
              └────────┬────────┘
                       │
          ┌────────────┴──────────────┐
          │  分解任务，确认下一步行动    │
          └────────────┬──────────────┘
                       │
     ┌─────────────────┴──────────────────┐
     │ 2分钟原则——可以在2分钟内做完吗       │
     └─────────────────┬──────────────────┘
          是                        否
     ┌────────┐
     │现在就去做│      ┌──────────────────────────┐
     └────────┘      │ 转移原则——是否可以安排适合的人去做 │
                     └──────────────┬─────────────┘
                        是                      否
                   ┌────────┐
                   │现在就去做│   ┌─────────────────────────┐
                   └────────┘   │  立刻原则——是否需要现在就去做 │
                                └─────────────┬───────────┘
                                   是                    否
                              ┌────────┐
                              │现在就去做│  ┌──────────────────────────┐
                              └────────┘  │ 今天原则——是否必须在今天完成 │
                                          └─────────────┬────────────┘
                                             是                    否
                                        ┌────────┐
                                        │任务列表 │   ┌────────────────────────────┐
                                        └────────┘   │ 区分原则——待办事项还是学习资料 │
                                                     └───────────┬────────────────┘
                                                        待办事项        学习资料
                                                      ┌────────┐   ┌────────┐
                                                      │ 日程表  │   │ 资料库  │
                                                      └────────┘   └────────┘
```

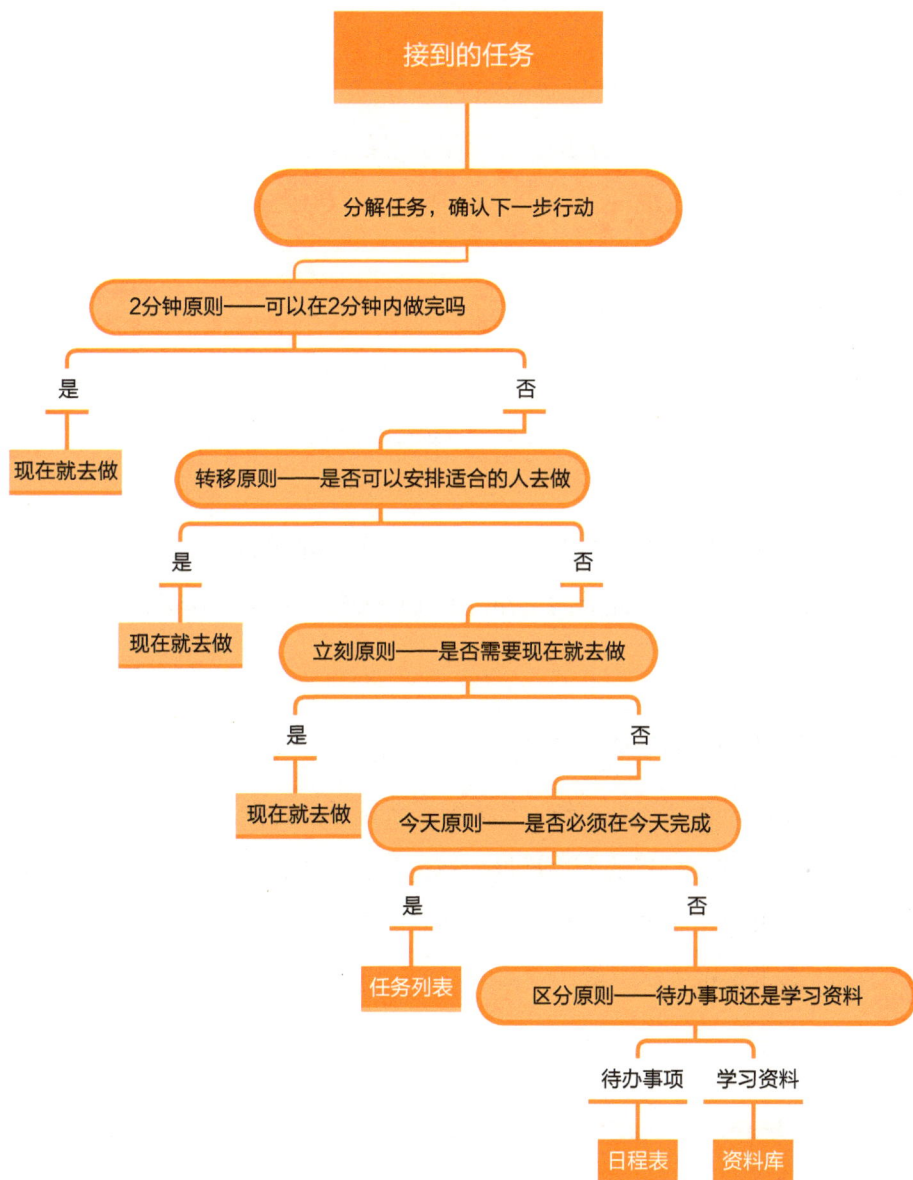

图 15-3 GTD 时间管理法

（5）日程表

我们可以把不需要在今天完成的工作都记到日程表里。如果这项工作有明确的完成日期，可以直接记到当天的日程表里，例如，将"本月 15 日交述职报告"记在 15 日的日程表里。如果这项工作没有明确的完成日期，可以单独记录在空白日程表里；等有了明确的完成日期，再记录到相应的日程表里。

（6）资料库

在工作过程中，我们会遇到很多暂时用不上但日后可能会用到的资料。这时，我们可以建立资料库，把这些资料放进去。常用的资料库 App 包括有道云笔记和印象笔记，大家可以根据自己的情况选择。

掌握 GTD 时间管理法后，不管接到多少任务，都可以明晰责任、顺利完成。其中，任务列表里的工作是需要在今天完成的工作，日程表里的工作是需要在未来某天完成的工作。有用的资料都在资料库里，需要用资料时可以直接检索。

2. 建立时间管理系统

不管学习、生活还是工作，很多事务都是重复性的。要想加快重复性事务的处理速度，更好的办法是将处理过程流程化、模块化。把事情从头到尾认真做几遍，提炼出做好这件事的方法和套路，梳理出一套简单易行的流程，这样就能大大提高工作效率，节省大量时间。

15.4　第四步：获得能量

1. 获得心理能量

刚开始做时间管理时，我们会发现制订计划很容易，但坚持执行计划却很难。我们会不可避免地因为各种情况中断执行计划，直至放弃。之后，我们很可能会陷入自责和自我否定的负面情绪。

这么多人坚持不下来，都是因为不够自律吗？可能并不是。有些人制订了计划就能一直坚持执行下去，可能不是因为他们的意志力比其他人更强，而是因为他们找到了给自己加油的方法。意志力其实是一种能量，每个人的意志力都是有限的。当你开始焦虑，开始感到压力时，就会开始消耗自己的意志力。这就解释了为什么当你状态好时，即使被领导批评也不会太难过。但如果你前一天晚上熬夜加班到两点，早上八点就急忙去上班，在地铁上还被别人踩了好几脚，到了单位还被领导批评了一顿，那么你很可能会受不了，因为你的意志力已经消耗殆尽。

我们怎么获得心理能量呢？现在大部分人的疲劳是精神疲劳，而不是身体疲劳。上了一天班，大脑高速运转了一天，下班后应该让身体动起来，让大脑放松和休息。当你开始跑步、游泳、打乒乓球或散步时，身体就会开始分泌多巴胺，大脑也能得到放松和休息。等运动完，你的身体和大脑就会恢复活力。

2. 好钢用在刀刃上

没有人可以从早到晚都保持活力十足的状态，人的心理状态都是波动变化的，有起有落，有高潮有低谷。人的心理状态波动如图 15-4 所示。

我们要做的不是强迫自己每时每刻都表现得活力四射，而是找到自己的"能量峰值点"和"能量谷值点"。能量高时完成重要事情，能量低时再去完成次要事情。只要学会合理分配时间，就能把黄金时间花在最能产出结果的事情上。

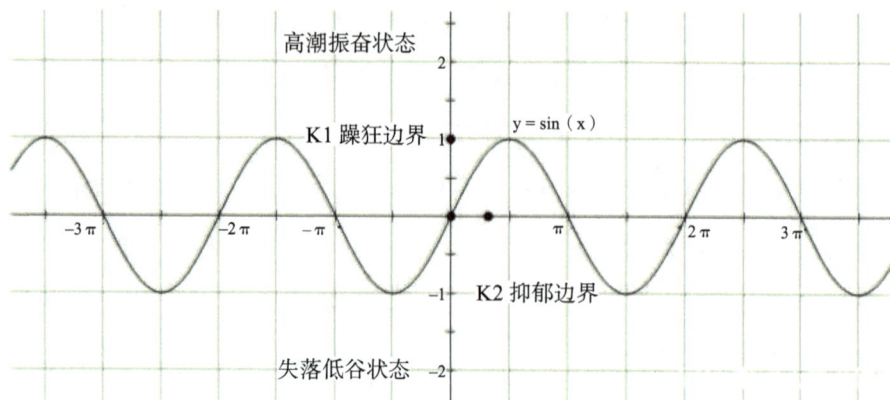

图 15-4　人的心理状态波动

3. 一次只做一件事

我们全神贯注地做某件事时甚至会感觉不到时间的存在，心理学家米哈里·契克森米哈赖把这种状态定义为"心流"时刻，在这件事完成后我们会产生一种充满能量且非常满足的感受。

时间是消费品，更是投资品。你怎样投资自己的时间，就会收获怎样的人生。只要选择你真正热爱、擅长、能够产出结果的领域，保持专注，尽可能提高时间的使用效率，你就一定能持续成长。

第 16 章

压力管理：如何减轻无处不在的压力

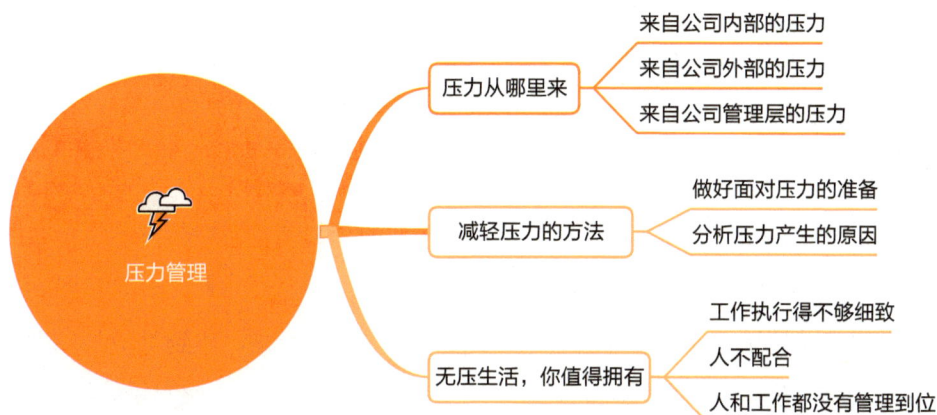

压力从哪里来 ─┬─ 来自公司内部的压力
　　　　　　　├─ 来自公司外部的压力
　　　　　　　└─ 来自公司管理层的压力

压力管理

减轻压力的方法 ─┬─ 做好面对压力的准备
　　　　　　　　└─ 分析压力产生的原因

无压生活，你值得拥有 ─┬─ 工作执行得不够细致
　　　　　　　　　　　├─ 人不配合
　　　　　　　　　　　└─ 人和工作都没有管理到位

16.1　压力从哪里来

在大多数人看来，公司里面压力较大的部门不外乎销售、营销等有明确业绩指标的部门，因为这些压力往往可以被拆解为明确的销售目标、用户增长数量、市场份额等。很多求职者及刚从事行政文秘工作的职场新人误以为行政文秘是一份压力很小的工作，往往忽视了行政文秘工作中的压力，没有做好抗压或解压的准备。

业务部门承受的是比较直观的绩效指标压力，而行政部门承受的是看不见的压力。做好压力管理的第一步是识别压力来源。行政文秘的压力主要来自公司内部、公司外部及公司管理层。

1. 来自公司内部的压力

来自公司内部的压力多种多样，归根结底可以概括为三个字——被追责。行政部门需要与其他部门配合，与各部门的负责人、助理打交道。在沟通协作的过程中，因为各自目标的不同，往往会出现一些冲突，这很容易让行政部门成为被追责的对象。例如，在《杜拉拉升职记》中，行政部门早就定好了公司在某一天集体搬家，但业务部门因为有重要客户会议，在搬家当天还没有把物品打好包。按理说，搬家是公司的重要决定，行政部门也早就发了通知，做好了一切准备工作，但业务部门依然振振有词地说自己需要完成更加重要的客户交代的任务，不能按照事先定好的时间搬家不是他们的错。类似的情况在日常工作中比比皆是。碰到类似的问题时，如果行政文秘一直坚持这种理直气壮的态度，就会让事态逐渐升级，让更多的人甚至管理层被卷入其中。这时，行政文秘很容易从"有理"变成"没理"。归根结底，公司的利润主要是由业务部门创造的，作为服务部门的行政部门不仅不能处理好与业务部门的关系，还跟业务部门发生冲突，"耽误"业务部门为公司创造利润，这就是行政部门的不对了。

2. 来自公司外部的压力

公司外部的压力常常来自物业及消防、市场监督管理等部门，有时个别员工做出不规范或不道德的行为，行政部门就得去处理问题。我之前在一家上市集团旗下的广告公司工作，这家公司的员工很有个性，经常在办公室里想创意时抽烟。为此，我屡屡被大厦的物业约谈，公司也受到了相应的警告。被物业约谈后，我去找当事员工沟通，他们总是一副无所谓的态度，甚至总有自己所认为的客观理由。有些态度比较好的员工则会表面上答应改正，但实际上根本不改。无论是上述哪种行为，都无法真正解决行政文秘遇到的问题，甚至会让情况进一步恶化。

3. 来自公司管理层的压力

最后一种压力来自公司管理层。站在领导的角度，所有与办公室环境、物品、人员相关的工作，都由行政部门负责，只要其中任何一个细节没有执行到位，就会追究行政文秘的责任。有一个广为流传的例子是，国外某航空公司总裁随机检查公司的每一个角落时，如果用手摸桌子时发现桌子不干净，那么负责保洁工作的行政负责人就会被马上开除。与前两种压力相比，来自公司管理层的压力虽然不常见，但只要出现，就会直接影响行政文秘的前途。特别是对刚刚参加工作的行政文秘来说，如果刚工作不久就受到来自领导的压力，就很容易否定自己的工作能力，开始思考"我是不是真的很差劲"。这种想法会让他们在往后的工作中慢慢失去信心，如果这种想法在他们的脑海中变得根深蒂固，可能会一直影响其职业生涯。

16.2　减轻压力的方法

在减轻压力之前，我们要先做好面对压力的准备。

1. 做好面对压力的准备

首先，我们要认识到，压力无处不在，任何工作都有压力，适度的压力可以帮助我们进步。我们需要处理的是突发性的、会产生负面影响的压力。行政工作涉及公司运营的方方面面，几乎涵盖公司的所有人。人多意味着事情多，出问题的概率高，面临的压力自然就大。

其次，我们要客观地认识行政文秘这份工作。这份工作看似简单且重复性高，但对跨部门、跨职级沟通协调能力及细节把控能力要求极高。因此，要想成为优秀的行政文秘，就要具备强大的抗压能力。另外，行政文秘免不了与别人打交道，有人的地方必然会产生磕碰，工作很难一直顺利推进。在推进工作的过程中遇到任何障碍都是有可能的，有压力也很正常。

最后，我们要做好心态管理，增强情绪管理能力，不要让情绪主导自己的行为。当压力来临时，我们要告诫自己保持冷静，以平静的态度面对和处理问题。

2. 分析压力产生的原因

做好准备后，我们就要开始思考压力来自哪里。仔细分析与压力相关的每一件事，从各个角度观察压力，找出每一种压力产生的真正原因。找出真正原因的方法非常简单，就是多问自己几个为什么。

让我们看看来自公司内部的压力。"行政无辜被追责"看似是压力产生的原因，但其实这只是表象。这时，应该再多问一个为什么——"为什么行政会被追责"。以之前提到的《杜拉拉升职记》中的搬家事件为例，答案可能是"业务部门无法配合搬家"。这已经很接近真正原因了，但我们要进一步思考"为什么业务部门无法配合搬家"。答案显而易见：时间有冲突，没有提前协调好。这其实是因为业务部门与行政部门的沟通出现了问题。在搬家的过程中，行政部门没有将工作做到位，而业务部门没有在突然出现重要工作时主动与行政部门沟通协调，也没有履行本部门应该履行的责任。归根结底，来自公司内部的压力产生的主要原因是工作执行得不够细致。

采用同样的分析方法，我们再看看来自公司外部的压力。为什么我们要替员工解决外部问题？因为员工不遵守规则。为什么员工不遵守规则？因为员工漠视行政部门强调的规则。我们要进一步思考：为什么员工漠视行政部门强调的规则？原因可能是：员工并不是漠视规则，而是不服从强调规则的人。由此我们可以发现，来自公司外部的压力其实来源于人，归根结底是人不配合。

面对来自公司管理层的压力，我们也要多问自己几个为什么。首先，问自己为什么会受到公司管理层的批评。其次，问自己为什么恰巧被公司管理层发现工作没有做好，原因可能是在其最关注的方面放松了。最后，问自己为什么会放松，原因可能是自己对公司管理层不够了解，并没有认为这项工作的优先级非常高。因此，来自公司管理层的压力的主要来源于对人不了解，以及对工作不重视。这是人与事情都没有管理到位的综合型问题。

16.3　无压生活，你值得拥有

根据前面分析出来的原因，我们可以把压力的类型与压力产生的原因匹配起来并得出结论：来自公司内部的压力产生的主要原因是工作执行得不够细致，来自公司外部的压力产生的主要原因是人不配合，来自公司管理层的压力产生的主要原因是人和工作都没有管理到位。

1. 工作执行得不够细致

这种情况一般出现在跨部门合作项目中。我们要尽可能把项目的细节处理到位，还要特别注意以下几点。

（1）在跨部门合作项目启动时，要召集所有涉及部门的负责人开讨论会。行政部门的最高领导必须参会。会上，行政部门的最高领导要强调此项目的重要性，并倡议其他部门负责人予以配合。这样做是为了得到其他部门负责人的支持及认可，让他们更好地督促本部门员工配合工作。会上，负责具体执行工作的行政文秘要介绍项目的具体流程和重要的时间节点，这些也需要得到其他部门负责人的支持及认可。其他部门负责人还要针对该项目指派一名对接人。项目启动后，行政文秘直接与其他部门的对接人联系。仍以前文提到的《杜拉拉升职记》中的搬家事件为例，在项目启动时，行政人员应该举行一场会议，邀请行政部门负责人和其他部门负责人参会。会上，行政部门负责人要强调搬家的重要性，并恳请其他部门负责人予以配合。负责执行搬家工作的行政人员要向参会人员介绍搬家的具体流程和重要的时间节点。此外，各部门都要指派一名对接人，对接人负责本部门与搬家相关的所有工作。行政人员只有与各部门对接人紧密配合，才能顺利完成搬家工作。

（2）提前规划项目时间，做好预案。这里所说的规划时间并不是行政文秘根据自身工作的便利决定一个日期，而是在考虑其他部门工作安排的基础上，与其他部门对接人协调后确定的时间安排。行政文秘不仅要考虑其他部门正常的工作安排，还要留出一定的机动时间，以防其他部门出现紧急工作。仍以《杜拉拉升职记》中的搬家事件为例，行政部门应提前与业务部门协商物品打包时间，尽量避开他们本职工作的重要时间点；还要预留几天的机动时间，以防业务部门有突发工作需要处理。时间点确定后，行政部门需要与其他部门达成一致。万一出现突发状况，相关部门的对接人要及时与行政部门沟通，行政部门再与其他部门协商调整搬家方案和时间。

（3）将前面两点提到的注意事项全部落实到纸面上，并向相关人员确认。行政部门负责人需要在每一次会议和协调后，将达成一致的决定全部落实到纸面上，通过邮件发给参会者并说明："如有不同意见，请回复邮件。如果大家对此没有异议，我将按照这个方案推进工作。"这样一封内容详细、责任人明确的邮件能够明确责任，而且可以保证事事有据可查。仍以《杜拉拉升职记》中的搬家事件为例，在前期的准备会议中，行政部门应该明确其他部门对接人的分工、需要完成的工作及完成各项工作的时间点，将这些内容写入邮件，发给各部门对接人，抄送行政部门及其他部门负责人。邮件中应明确说明，业务部门对接人需要回复邮件以示确认。一旦出现问题，邮件就可以作为证据证明问题到底出在哪一方。

在与其他部门协调时，行政部门应该制定备选方案，提前考虑好万一其他部门遇到突发状况，应该怎么处理。仍以《杜拉拉升职记》中的搬家事件为例，如果上述准备工作都做好了，但业务部门没有如期配合搬家，并且以时间紧急为由向行政部门追责，那么行政部门应该明白，这个问题背后的主要矛盾是业务部门不能如期搬家，行政部门要围绕这个主要矛盾提出解决方案。可能的方案包括：临时请搬家公司帮忙，但需要业务部门确认贵重物品；让其他部门先搬，业务部门随后搬。不管最终采用什么方案，在遇到问题时，行政部门都要先解决主要矛盾。

2. 人不配合

人不配合时，行政文秘需要解决与人相关的问题。这里所说的"解决"不是对员工进行处罚，而是让员工配合自己的工作并遵守规则。具体的解决方法比较简单直接：找到对员工来说有分量的人，让其向员工强调遵守规则的重要性。这个人可能是公司高层领导或员工所在部门的领导。行政文秘最好通过这个有分量的人把行政部门强调的事项变成某种规章制度，并设计明确的奖惩规则。

以前文提到的某员工在办公室抽烟的事情为例，最后我的处理方法是向公司领导强调公司即将面临行政处罚，从而使领导重视这件事。当天，领导就在公司微信群里下达了办公室禁烟的命令。在不到一周的时间里，我主导制定了办公室吸烟处罚相关规则。获得领导的批准后，我正式通知了所有同事。结果，我在一周之内实现了办公室禁烟。

在处理这类问题时，行政文秘偶尔会遇到公司领导不理解、不重视的情况。这时，行政文秘要站在领导的角度，告诉领导该问题可能产生的严重后果。例如，在办公室吸烟的案例中，其实最初物业的处罚只是批评与罚款。我知道公司领导最在乎的是公司的正常运营，而如果这一次不处理好这个问题，接下来公司很可能面临行政处罚，这会导致公司无法正常运营。所以，我在与领导沟通的过程中强调了这一严重后果，最终果然引起了领导对这个问题的重视。如果只强调公司被物业批评与罚款，领导可能就不会高度重视这个问题。

3. 人和工作都没有管理到位

这个问题其实是可以解决的。行政文秘要具备敏感性，明白任何与领导有关的事情，即使再小，出了纰漏也会变成大事。

这种敏感性并不是天生就有的，而是在工作中慢慢培养出来的。刚参加工作的行政文秘来说要多通过同事了解领导的工作风格，在处理与领导有关的工作时，尽可能地配合领导。同时，行政文秘在平时的工作中也要注意观察领导的工作方法，尽量按照领导的工作方法处理自己的工作。

在前文提到的国外某航空公司的例子中，那位总裁很明显对环境卫生非常重视。因此，行政文秘应该先观察领导在公司的日常活动范围与路径，确定领导经常出现的地点；然后，在公司整体环境整洁的基础上，对这些重点区域做出更加细致的安排。例如，如果整个办公区域每隔 4 小时打扫 1 次，那么领导经常经过的区域最好每 2 小时打扫 1 次。再如，如果办公楼外窗每 2 个月清洁 1 次，那么，领导可能出现的重点区域可以改为每月清洁 1 次。这些安排可以帮助行政文秘更好地避开领导的"雷区"。

第 17 章

情绪管理：自控力强的人更自在

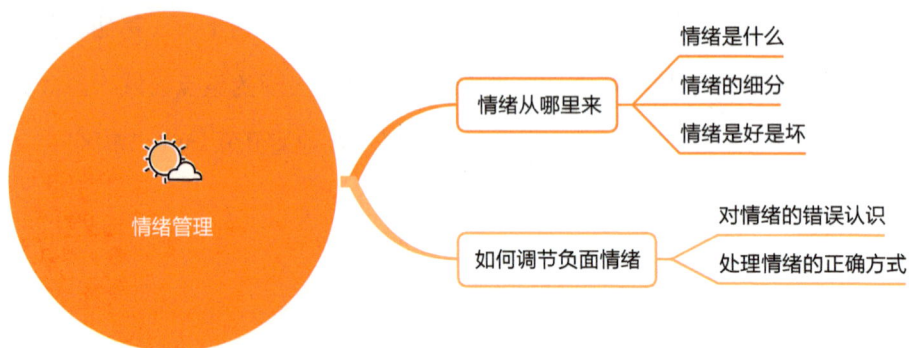

17.1　情绪从哪里来

1. 情绪是什么

我们每天都会产生各种情绪，如快乐、难过、愤怒等。我们真的了解情绪吗？有的人说："我性子直，有情绪就要表达出来，憋不住。"有的人说："我脾气不好，有火就要发出来。"听起来，情绪更像是一种个性，但事情并没有这么简单。实际上，当你有了情绪时，你选择直接表达还是自我消解只是你处理情绪的行为模式。行为模式逐渐固定，就形成了习惯；习惯逐渐固定，就形成了一种性格。所以，情绪到底是什么？情绪其实是身体的自然反应。

2. 情绪的细分

情绪一般分为喜、怒、哀、惧四种，这四种情绪又可细分为 27 种情绪（见图 17-1）。

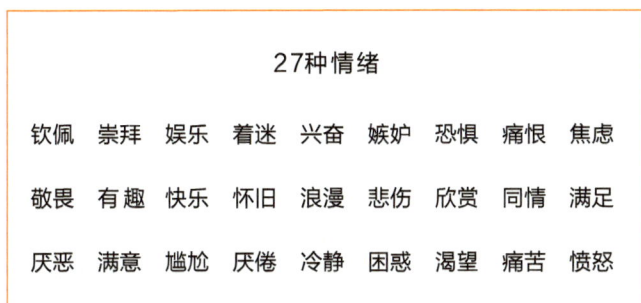

27种情绪

钦佩	崇拜	娱乐	着迷	兴奋	嫉妒	恐惧	痛恨	焦虑
敬畏	有趣	快乐	怀旧	浪漫	悲伤	欣赏	同情	满足
厌恶	满意	尴尬	厌倦	冷静	困惑	渴望	痛苦	愤怒

图 17-1　27 种情绪

每种情绪都暗示了一种心理动机。例如，焦虑暗示你希望控制一件事，但潜意识里又知道自己很难做到。

3. 情绪是好是坏

情绪既有积极的，也有消极的，但情绪的好坏由我们的行动决定。有的人正是因为感觉到耻辱，才有了奋发的动力。有的人在取得成绩之后得意忘形，很快就遭遇失败。

17.2　如何调节负面情绪

1. 对情绪的错误认识

因为对情绪有错误的认识，所以我们常常会选择错误的情绪处理方式，结果让事情变得更糟糕。常见的错误认识如下。

- 有能力的人是不会生气的，生气表示我的能力不够。
- 生气是不对的，我要一直开心。
- 忍一忍就过去了，先把手上的活儿干完再说。
- 生气就要表达出来。
- 不要把坏情绪表达出来，别人会不喜欢我。
- 不能把我的坏情绪告诉别人，别人会看不起我。

这些想法其实都是错误的。例如，大家通常认为生气是不对的，但实际上，生气只是一种普通的情绪，只有当它超出一定的程度时，才是不对的。当你受到不公平对待时，生气是正常反应。但如果你总是因为一点小事就勃然大怒，你就该自我反思了。

2. 处理情绪的正确方式

情绪管理的范畴很广。首先，提升情绪防御力，让自己的情绪状态保持相对稳定；其次，躲避坏情绪，尽量不受它们的影响；再次，学会识别情绪；最后，积极排解情绪。

第一步，提升情绪防御力。以下三种方法简单实用，可以帮助我们提升情绪防御力。

（1）健康饮食。你是否发现，在吃了一顿营养丰富的午餐后，你感觉自己的情绪好多了？有研究证明，吃得健康不仅对身体好，还可以带来好情绪。

（2）规律运动。运动是释放压力和坏情绪的好方法。当我们感到精神疲惫时，最好的放松方式不是躺在床上，而是到大自然中，动起来，跑起来。

（3）冥想放松。现在很多人喜欢冥想，因为冥想对装备、场地、时间、身体状况没有过多的要求。只要你想，随时随地都可以冥想。冥想可以帮助我们保持冷静，专注于当下，进入更放松的心理状态。

第二步，躲避坏情绪。坏情绪会让我们感到不安、紧张，当知道某种环境或某些人会给我们带来坏情绪时，我们就可以刻意调整，让自己尽量避开某种环境或某些人。

第三步，学会识别情绪。容易受情绪干扰的人很难准确识别自己当下的情绪状态，也很难描述自己的感受。情绪稳定的人往往能够准确描述自己当下的感受，也能察觉各种情绪之间的细微差别。这两类人的区别就在于"情绪粒度"的不同。情绪粒度高的人，可以称得上是情绪专家，他们不仅能够准确识别并描述自己的情绪，而且可以对情绪进行非常细致的分层。对情绪粒度低的人来说，情绪只是一种笼统的、模糊的感觉。例如，同样是高兴，在情绪粒度高的人看来，高兴还可以细分为狂喜、愉快、开心、舒畅、痛快、得意、振奋、轻松、惊喜等情绪；而情绪粒度低的人可能只会说"我感觉很好""今天好开心"。同样是不开心，情绪粒度高的人可以细分出难过、悲伤、伤感、气馁、沮丧、失落、失望、尴尬、郁闷等情绪；而情绪颗粒度低的人只会说"今天很不开心"。因为感受不到不同情绪的层次和区别，所以情绪粒度低的人只会用有限的方式处理情绪。当他们感到失望、尴尬或气馁时，他们下意识的反应可能都是一样的。而情绪粒度高的人可以针对不同层次的情绪采取不同的反应，在失望时调整期望值，在尴尬时转移话题，在气馁时给自己打气。因此，情绪粒度高的人不容易被情绪控制，他们很清楚当下自己处于哪种情绪状态，也知道该怎么处理这种情绪。

把注意力集中到自己身上，感受自己的情绪。每种情绪都是帮助我们认识自己的信号，如果你想读懂自己，就要弄清楚情绪背后的含义。假设你现在很生气，你可以试着问自己："我为什么这么生气？"当你开始思考这个问题时，你的大脑开始运转，整个人马上冷静下来，恢复了理智。接下来，你会思考自己为什么会生气。

- 我是因为他没有尊重我而生气吗？
- 我是因为他故意找我麻烦而生气吗？
- 我是因为自己无能而生气吗？
- 我是因为他差别对待我而生气吗？

以下两种方法可以帮助你提高情绪粒度。

（1）丰富自己的情绪词汇库。掌握更多与情绪相关的词汇，了解这些词汇具体表达的是哪种情绪，它们之间的区别是什么。当你真正明白什么是"失望"，什么是"失落"，自然能够清楚地表达你现在的情绪是失望还是失落。你掌握的情绪词汇越多，就越能清晰且准确地表达自己的感受。

（2）拆分情绪法。你可以把情绪看成一件玩具，想象着把它拆分成一个个小零件，看自己此刻的情绪包含哪些更细微的情绪。例如，你现在生同事的气，你可以问自己"我为什么生气"，然后感受当下的情绪，对它进行拆解，最终你会发现"生气"包含了很多细微的情绪：觉得对方不尊重自己，觉得对方故意找自己麻烦，觉得自己吵架时没发挥好……你越了解自己的情绪，消解坏情绪的力量就越强大。

第四步，积极排解情绪。情绪其实是我们的潜意识发出的求救信号，不过不用担心，就算面对坏情绪，我们也有办法排解。

我们的身体非常聪明，在情绪爆发之前，它会发出一系列信号，如心跳加速、肌肉紧绷、呼吸变快等。如果你能够体察自我，及时接收身体发出的信号，就可以在情绪爆发之前排解坏情绪。有很多技巧可以帮助我们很好地排解坏情绪：慢慢从 0 数到 10，再从 10 数到 0，在数的过程中注意感受自己的情绪变化；或者做几次深呼吸，吸入更多的氧气，让身体得到放松。

不要压制情绪，强行让自己平静只会让自己更难受。其实，最好的方式是接受自己的情绪，让情绪自然流动。我们可以休息一会儿、小睡一会儿或出去走一走，让情绪自然消解。

如果你最近情绪波动大，总是一个人待着可能不是最好的选择。有研究发现，喜欢与别人讨论自己遭遇的人，情绪状态往往更加稳定。当你和别人讨论那些让你不舒服的问题时，你也释放了这些问题带给你的坏情绪。

第 18 章

个人管理：如何成就更好的自己

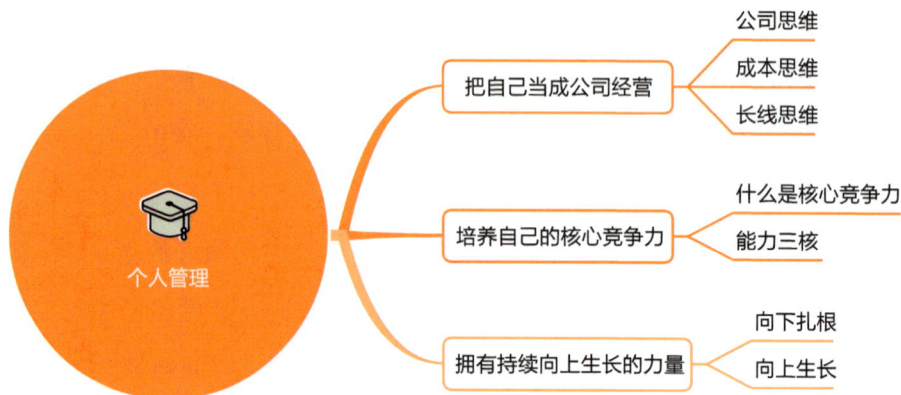

个人管理
- 把自己当成公司经营
  - 公司思维
  - 成本思维
  - 长线思维
- 培养自己的核心竞争力
  - 什么是核心竞争力
  - 能力三核
- 拥有持续向上生长的力量
  - 向下扎根
  - 向上生长

18.1　把自己当成公司经营

你有没有注意到一个现象：大家都在职场打拼，只有少数人能抓住机会。

人们常说："思想决定态度，态度决定行为，行为决定习惯，习惯决定性格，性格决定命运。"你的思维方式决定了你对待每件事的态度。

1. 公司思维

我们可以把自己想象成一家公司，领导就是我们的客户，工作就是我们的产品。如果把领导当成客户，客户需要做精美的 PPT，我们就提供精美的 PPT；客户想要办一场热闹的年会，我们就办一场热闹的年会。凡事想在客户前面，客户需要什么，我们就提供什么，还愁客户不满意吗？客户对这次提供给他的产品很满意，下次当然愿意找我们下单。现在你明白为什么领导总是喜欢找某几个人干活了吗？因为用着顺手，就愿意再找他们，时间久了就习惯了。做 PPT 找他们，办年会找他们，等到提拔干部时，首先想到的还是他们。

把自己当成一家公司经营，自然就会有合作伙伴和竞争对手。在公司里，支持你、肯定你、在你遇到困难时能够帮助你的同事，就是你的合作伙伴；打压你、否定你、与你竞争同一岗位的同事，就是你的竞争对手。作为一家公司，你要怎么与合作伙伴相处，怎么应对竞争对手呢？对待合作伙伴要厚道、公平、互相帮助；对待竞争对手要做到"人无我有、人有我精、人精我专、人专我全"。竞争对手不能做的你能做，你就能拿下客户。竞争对手能做，但是你做得比他更好，客户就更愿意找你下单。当竞争对手开始优化产品，试图争取客户时，你已经在这个领域打造了品牌，树立了专业形象，客户还是更愿意选择你。等到竞争对手反应过来，也开始打造专业品牌时，你已经在多个领域全面开花，产品更丰富，产品线更全，客户已经习惯在你这里下单了，不愿意调整消费习惯，所以客户还是会选择你。

把自己当成一家公司经营，其实就是把注意力聚焦到自己身上，从"公司要我干什么""领导要我干什么"转变成"我要为自己干什么""今天做的这些工作能给我带来哪些收获"。当你站在经营公司的视角看现在做的工作及现在的领导和同事时，肯定会有不一样的感觉，也会获得不一样的成长速度。

2. 成本思维

我们最重要的资源就是时间。时间既是投资品，也是消费品。

时间是重要的战略资源，但是时间总是有限的，所以我们不能总拼时间投入。而且，这种做法不具备可持续性，你总不能每天 24 小时连轴转。因此，拼时间投入只能作为短期竞争战术，长期竞争战略应该是拼时间投入产出比。而成本思维就是在每次投入时间之前先做评估，优先完成投入产出比较高的事项。

如何判断一项工作的投入产出比是高还是低？这就要看这项工作帮助你积累的是经历还是经验。做一遍叫经历，做 100 遍总结出来的精华叫经验。举个例子，你在一家公司做了 5 年行政，负责过公司装修和公司搬迁，跟无数家供应商打过交道，给公司办过几十场活动，这些都是你的经历。你把这些经历写在简历上，别人就知道你做过什么。如果你通过总结，把这些经历模块化、标准化、流程化、制度化、可视化，形成一套可参考、可依据的标准作业规范，这就成了你的经验。

3. 长线思维

工作就是你的产品，新产品、旧产品那么多，我们要把有限的时间和精力投入到哪款产品上呢？每个产品的回报周期不一样。有的产品回报周期很短，例如，你今天开始学做 PPT，苦练 8 小时，很快就会发现自己的水平有了明显提升。有的产品回报周期很长，例如，今天你开始学怎样和别人沟通，苦练 80 小时后却还是发现自己不善表达。因此，在为时间选择投资标的时，我们要看全景、看长线、看未来，不能只看局部、看短线、看眼前。

不管你做过什么工作，参与或主导过多么重要的项目，最终真正属于你的是工作成果、经验，以及你做事情的逻辑和方法论。

所以，在工作时，你需要思考以下几个问题。

- 我现在做的这件事能给我带来什么？从长远来看，这件事能给我带来什么？
- 我的这段工作经历，现在对我有什么影响和帮助？从长远来看，这段工作经历对我有什么影响和帮助？

当你形成长线思维后，就不会再为无法即时得到回报而焦虑。

18.2　培养自己的核心竞争力

1. 什么是核心竞争力

核心竞争力就是别人没有、只有你具备的能力。核心竞争力有三个特点：有价值、有稀缺性、有壁垒。

对行业、对公司、对某项具体工作来说，你的各种能力一般都是有价值的。例如，你在一家公司做行政专员，特长是变魔术。变魔术这项能力很稀缺，但是对公司来说没有太大价值，所以不能算是核心竞争力。再如，你可以在 10 分钟内布置好会议室，这项能力有没有价值？对开会这项具体工作来说，当然有价值。那么，它算不算核心竞争力？好像也不能算。因为这项能力没有进入壁垒，别人稍微用点心也能做到。但如果你的数据分析能力非常强，你会使用各种数据分析工具，这项能力就称得上是核心竞争力。原因有三点：第一，这项能力有价值，它可以帮助你快速处理数据；第二，这项能力有稀缺性，不是每个行政文秘都具备这项能力；第三，这项能力有壁垒，如果别人也想具备这项能力，就需要花很长的时间去学习。

有价值、有稀缺性、有壁垒，只有同时满足这三个条件的能力才是核心竞争力。

2. 能力三核

按照能力三核理论，能力可以划分为三个层次，即知识、技能和才干（见图 18-1）。

知识

技能

才干

图 18-1　能力的三个层次

- 知识：通过学习、搜索获得的信息，如公文写作规范、会计常识、管理理论等。
- 技能：通过不断练习就能熟练掌握的技能，如驾驶汽车、做 PPT、公文写作等。

- 才干：经过大量训练后，由技能内化为品质或特点，我们可以无意识地直接调用。

知识的特性是"隔行如隔山"，如果未来你要跨越行业或专业，知识往往是难以迁移的，你需要重新学习。但技能不一样，据统计，大部分工作需要用到 70% 的通用技能和 30% 的专业技能。所以，你在上一家公司学会了做 PPT、公文写作、活动策划，到下一家公司依然可以直接使用上述技能。才干可以直接被调用。当你完成了从知识到技能、从技能到才干的进阶过程，就能迅速掌握另一个领域的知识和技能。

知识、技能、才干，哪个最重要？

（1）我们会依次获得知识、技能、才干。如果我们没有听过别人讲怎么骑自行车，也没有自己练习过，就做不到立马能骑自行车。因此，不管你想提升演讲能力、写作能力还是管理能力、运营能力，都需要从知识学起。

（2）对大部分工作来说，只需要掌握相应的知识和技能。例如，即便行政文秘不能把公文写作这项能力内化成才干，也不要紧。只要储备相应的知识，记住公文写作的规范和注意事项，掌握公文写作的方法和技巧，就可以很好地完成公文写作。

（3）才干虽好，但不要贪多求全。如果每种才干都想拥有，就可能每种都学不精、学不透。

如何培养自己的核心竞争力？我们首先要全面地认识自己的能力。根据能力高低和喜欢与否，我们的能力可以分成四个象限，即优势、退路、潜能、盲区（见图 18-2）。

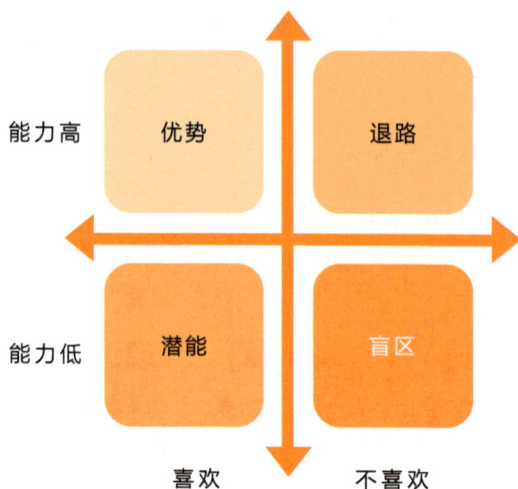

图 18-2　能力的四个象限

- 优势：你擅长并且喜欢。
- 退路：你擅长但没那么喜欢。
- 潜能：你很喜欢但不擅长。
- 盲区：不擅长并且不喜欢。

对大部分人而言，正确的做法应该是聚焦优势、躲避盲区、挖掘潜能。在你擅长的领域持续发力，从储备知识到修炼技能再到内化成才干。对于那些你已经深入了解过、亲自尝试过且确定自己不喜欢的盲区，应该尽量避开，而不是非要挑战自我。你还要尽力挖掘自己的潜能，尝试把潜能象限的能力拉到优势象限。当你沉下心来慢慢提升自己时，就会发现自己在职场中的竞争力越来越强。

在培养自己的核心竞争力时，要带着问题去学习。例如，你对现在的工作有些厌倦，想转岗到项目管理部，你可以先问自己几个问题。

- 公司的项目管理部有哪些工作？
- 项目管理部的基础工作有哪些？
- 我还需要掌握哪些知识？
- 我还需要具备哪些技能？
- 我从哪里可以获取这些知识？
- 我从哪里可以学习这些技能？
- 这些知识和技能要学习多久？学到什么程度？

以问题为导向，你就可以清楚地知道接下来要做什么。例如，你可以先找项目管理课程，系统地学习项目管理知识。只有在解决问题的过程中积累知识、技能和才干，才能形成系统、完整的能力体系，直至形成核心竞争力。

当然，学习方式也很重要。常用的学习方式主要有两种：一种是碎片化学习，另一种是积木化学习。碎片化学习就像拼拼图，单独看任何一片拼图，都看不出拼的是什么，要等到全都拼在一起后，才能看出整个拼图的原貌。碎片化学习的缺点是很容易让人失去持续学习的兴趣。

积木化学习的不同之处在于每一块积木都是独立的，每个知识都可以单独使用。例如，昨天你刚学了甘特图，今天就可以用它安排公司月底的团建活动。积木化学习会让人感到快乐，也更符合大多数人的学习习惯。

18.3　拥有持续向上生长的力量

要想拥有向上的力量，就得先向下扎根。对职场新人来说，先学习技巧容易走弯路，应该先学习如何提升自己的能力。

1. 向下扎根

向下扎根一要"选长坡、积厚雪"，二要"结硬寨、打呆仗"。

巴菲特说："人生就像滚雪球，最重要的事就是找到自己那条又湿又长的雪道。"雷军说："站在风口上，猪都能飞起来。"这些话说明了选择方向的重要性。尽量选择朝阳行业里生命周期长、复杂度高的业务领域。复杂度越高，学习曲线越陡峭，知识、技能和才干的修炼就越困难。如果行业、领域选错了，很可能你还没有培养出自己的核心竞争力，行业就已经萧条了，业务领域也消亡了，你的努力也全都白费了。

曾国藩将湘军的打法概括为六个字——"结硬寨、打呆仗"。"结硬寨"说的是防御措施。湘军不追求行军速度，一天最多行进 4 小时，剩下的时间用来挖沟筑墙，防御措施做好了，整个队伍才能休整。"打呆仗"说的是作战战术。湘军打了很多仗，但并没有让人印象深刻的大战役。曾国藩总结道："十余年来，但知结硬寨、打呆仗，从未用一奇谋、施一方略制敌于意计之外。"培养核心竞争力急不得，既要选择正确的方向，又要对某个领域保持长时间的专注。

2. 向上生长

骆驼刺是沙漠里的一种植物，高 25 ~ 40 厘米，但它的根可深达 20 米。因此，只要根向下扎得足够深，不管环境有多么恶劣，都能拥有向上生长的力量。

有些人觉得自己的能力难以提升是因为领导不给自己机会，自己找不到好工作是因为 HR 为难自己。真的是这样吗？有句话说得好："如果你自己都不努力，别人有心想伸手拉你一把，都找不到你的手在哪里。"自助者天助之，只有我们自己足够努力，运气才会眷顾我们。

　　刚进入职场时，大多数人只能做螺丝钉，公司安排我们干什么，我们就干什么。努力学习、提升自己的意义就在于，当我们储备的知识越来越多，掌握的技能越来越多，培养的才干越来越无可替代时，我们就有了更大的自由，我们不仅可以选择做哪些工作，还可以选择不做哪些工作。